A KORSZERŰ FORGÁLÓSZAKÁCSKÖNYVE

A Nature's Bounty betakarítása a kortárs ízekért

Gizella Király

Copyright Anyag ©2024

Minden jog fenntartva

A kiadó és a szerzői jog tulajdonosának megfelelő írásos beleegyezése nélkül ennek a könyvnek egyetlen része sem használható fel vagy továbbítható semmilyen formában vagy módon, kivéve az ismertetőben használt rövid idézeteket. Ez a könyv nem helyettesítheti az orvosi, jogi vagy egyéb szakmai tanácsokat.

TARTALOMJEGYZÉK _

TARTALOMJEGYZÉK _ **3**
BEVEZETÉS **7**
REGGELI **8**
   1. Vadbogyó parfé 9
   2. Pitypang palacsinta 11
   3. Gombás és csalános omlett 13
   4. Makkoliszt zabkása 15
   5. Vad zöldek Smoothie 17
   6. Naturciával töltött tojás 19
   7. Omlett vad fűszernövényekkel 21
   8. Tojás gyógynövényes szószban 23
   9. Bodzavirág forró csokoládé 25
   10. Bodzavirág fánk 27
   11. Bodzavirág Chia puding 29
   12. Bodzavirág Smoothie Tál 31
   13. Medvehagyma és burgonya Omlett 33
   14. Bodzavirág francia pirítós 35
   15. Bodzavirág gofri 37
   16. Pita zöldek, fűszernövények és tojás 40
   17. Friss fűszernövényes kolbász 42
KEZDŐK **44**
   18. Baba sárgarépa gyógynövény ecetben 45
   19. Articsóka gyógynövényekkel 47
   20. Canapé citromfüves mázzal 49
   21. Friss fűszernövényes sajtos pizza 51
   22. Friss fűszernövényes és metélőhagymás keksz 53
   23. Vietnami tavaszi tekercs 55
   24. Rántott haloumi sajt 57
   25. Füves Vajdió 59
   26. Gyógynövényes garnélarák sörben 61
   27. Szárított füge gyógynövényekkel 63

28. Könnyű gyógynövényes focaccia 65
29. Vadgombás Bruschetta 67
30. Medvehagyma Pesto Crostini 69
31. Makktök rántott 71

ENTREES 73

32. Napcsók leves 74
33. Gesztenye mázas csirkemell 76
34. Vajdió Thai Curry 78
35. Csalán Gnocchi 80
36. Bodza mázas tilápia 82
37. Bavari gyógynövényleves 85
38. Nyári tökleves 87
39. Vadgombás rizottó 89
40. Csalán és burgonya leves 91
41. Takarmánynövény-kérges pisztráng 93
42. Töltött szőlőlevelek takarmányozott zöldekkel 95
43. Vadfűvel és kecskesajttal töltött csirkemell 97
44. Hegedűfejű páfrány és spárgasütés 99
45. Rókagomba és póréhagyma Quiche 101
46. Kasha szárított gyümölccsel 103
47. Krém csirke gyógynövény s 105
48. Sárgabarack dijoni mázas pulyka 107
49. Csirke és rizs gyógynövényes szósszal 109
50. Csirke tejszínben és gyógynövényben 111
51. Csirke madeira kekszre 113
52. Csirke leves gyógynövényekkel 115
53. Csirke borral és fűszernövényekkel 117
54. Csicseriborsó és gyógynövény saláta 119
55. Friss fűszernövény és parmezán 121
56. Gyermekláncfű saláta 123
57. Zöldségkonfetti fűszernövényekkel 125
58. Pörkölt gyógynövény árpa 127

DESSZERT 129

59. Serviceberry torta zabhéjjal 130
60. Fűszeres datolyaszilva torta 132

61. Liszt nélküli csokoládé mogyorótorta 134
62. Bodza-panna cotta eperrel 136
63. Bodzavirág Flan 139
64. Takarmánybogyós és csalános sütemény 141
65. Bodzafagylalt 143
66. Bodza szorbet 145
67. Bodza- és szederfagylalt 147
68. Bodzahab 149
69. Erdei eper rebarbara morzsa 151
70. Tengerparti szilvasorbet 153
71. Citromos gyógynövényes fagylalt 155
72. Gyógynövényes citromos sütik 157

FŰSZEREK 159

73. Arónia ecet 160
74. Amerikai szilva ketchup 162
75. Gesztenye juharszósz 164
76. Gyógynövény zselé 166
77. Huckleberry lekvár 168
78. Vegyes gyógynövény ecet 170
79. Vegyes fűszernövény pesto 172
80. Mustáros-füves pác 174
81. Sóska-snidlinges pesto 176
82. Vadbogyó lekvár 178
83. Takarmánynövény infúziós ecet 180
84. Vad fokhagyma Aioli 182
85. Fenyőtű szirup 184

ITALOK 186

86. Alkoholmentes áfonyás fröccs 187
87. Sarsaparilla Gyökér Sör 189
88. Citromos málna menta frissítő 191
89. Takarmányozott bogyós vízzel 193
90. Vad menta jeges teadélután 195
91. Gyermekláncfű Limonádé 197
92. Lucfenyővel infúziós gin és tonik 199
93. Fűszeres gyógynövénylikőr 201

94. Gyümölcsös gyógynövényes jeges teadélután 203
95. Jeges gyógynövényes hűtő 205
96. Málna gyógyteadélután 207
97. Kardamom teadélután 209
98. Sassafras teadélután 211
99. Moringa teadélután 213
100. Zsályateadélután 215

KÖVETKEZTETÉS 217

BEVEZETÉS

Üdvözöljük a "A Korszerű Forgálószakácskönyve"-ban, egy kulináris expedícióban a természet gazdagságának világába, ahol ünnepeljük a vad alapanyagok betakarításának és elkészítésének művészetét a kortárs ízek számára. Ez a szakácskönyv útmutatót nyújt a takarmányból nyert ételek ízeinek, állagának és táplálkozási előnyeinek megismeréséhez, és elhozza a vad esszenciáját korszerű konyhájába. Csatlakozzon hozzánk egy olyan utazásra, amely újradefiniálja a kulináris tájat azáltal, hogy a hagyományos táplálékszerzés bölcsességét innovatív és ízletes receptekkel ötvözi.

Képzeljen el egy konyhát, ahol a vadon élő ehető ételek állnak a középpontban, és minden étel a szabadban fellelhető változatos ízek történetét meséli el. "A korszerű takarmányozó szakácskönyve" nem csupán receptgyűjtemény; az erdőkben, mezőkön és réteken elrejtett kincsek feltárása. Legyen szó tapasztalt takarmánykeresőről vagy valakiről, aki még nem ismeri a vadon élő ételek világát, ezek a receptek arra ösztönöznek, hogy beépítsék a természet gazdagságát a mindennapi étkezésekbe.

A földes gombáktól a vibráló vadzöldekig és a virágos forrázatoktól a meglepő bogyós főzetekig minden recept a természet nyújtotta változatos és megszelídíthetetlen ízek ünnepe. Akár rusztikus vacsorát, kifinomult előételt vagy frissítő italt készít, ez a szakácskönyv az Ön számára megfelelő forrás, amellyel kulináris élményeit a természet bőségével emelheti ki.

alapanyagok szépségéről, frissességéről és szelídíthetetlen esszenciájáról tanúskodik . Gyűjtsd össze kosaraidat, vegyél részt a kalandban, és vigyük a takarmányozás varázsát a korszerű asztalra a " A Korszerű Forgálószakácskönyve " segítségével.

REGGELI

1.Vadbogyó parfé

ÖSSZETEVŐK:

- 1 csésze válogatott erdei bogyós gyümölcsök (áfonya, málna, szeder)
- 1 csésze görög joghurt
- 2 evőkanál méz

UTASÍTÁS:

a) Az erdei bogyókat alaposan öblítse le.
b) Egy pohárba vagy tálba rétegezzük a görög joghurtot az erdei bogyókkal.
c) A tetejére csorgassunk 1 evőkanál mézet.
d) Ismételje meg a rétegeket és élvezze!

2. Pitypang palacsinta

ÖSSZETEVŐK:

- 1 csésze pitypang szirmok
- 1 csésze palacsinta keverék
- 1 csésze tej
- 2 tojás
- Vaj főzéshez

UTASÍTÁS:

a) Keverjük össze a palacsintatésztát a csomagoláson található utasítások szerint.
b) Óvatosan hajtsa bele 1 csésze pitypangszirmot.
c) A palacsintákat serpenyőben vajjal aranybarnára sütjük.
d) Sziruppal vagy mézzel tálaljuk.

3. Gombás és csalános omlett

ÖSSZETEVŐK:
- 1 csésze erdei gomba
- 1/2 csésze csalánlevél
- 3 tojás
- Só és bors ízlés szerint
- 2 evőkanál olívaolaj

UTASÍTÁS:
a) A gombát és a csalánleveleket 2 evőkanál olívaolajon főzzük meg.
b) 3 tojást felverünk, sózzuk, borsozzuk.
c) Tojással leöntjük a gombát és a csalánt, megszilárdulásig főzzük.
d) Hajtsa össze az omlettet és forrón tálalja.

4.Makkoliszt zabkása

ÖSSZETEVŐK:
- 1 csésze makkliszt
- 2 csésze tej vagy víz
- 3 evőkanál juharszirup

UTASÍTÁS:
a) Egy edényben keverjünk össze 1 csésze makkalisztet 2 csésze tejjel vagy vízzel.
b) Közepes lángon, folyamatos kevergetés mellett főzzük.
c) Ha besűrűsödött, édesítsük 3 evőkanál juharsziruppal.
d) Melegen tálaljuk.

5. Vad zöldek Smoothie

ÖSSZETEVŐK:
- 1 csésze takarmányozott vadzöld (pitypanglevél, sóska stb.)
- 1 banán
- 1 alma
- 1/2 csésze joghurt
- Jégkockák

UTASÍTÁS:
a) Keverjen simára vad zöldeket, 1 banánt, 1 almát és 1/2 csésze joghurtot.
b) Adjunk hozzá jégkockákat, és keverjük újra a kívánt állagúra.
c) Öntsd egy pohárba, és élvezd a tápanyagban gazdag smoothie-t.

6.Naturciával töltött tojás

ÖSSZETEVŐK:

- 2 nagy Keményre főtt tojás
- 4 kicsi Nasturtium levelek és érzékeny szárak; apróra vágva
- 2 Nasturtium virág; keskeny csíkokra vágjuk
- 1 szál friss cseresznye; apróra vágva
- 1 szál friss olasz petrezselyem; levelei apróra vágva
- 1 zöld hagyma; fehér és halványzöld rész
- Extra szűz olívaolaj
- finom tengeri só; megkóstolni
- Fekete bors; durva őrlemény, ízlés szerint
- Nasturtium levelek és Nasturtium virágok

UTASÍTÁS:

a) A tojásokat forrásban lévő vízben keményre főzzük, amíg a sárgája meg nem szilárdul, már nem.
b) Mindegyik tojást hosszában kettévágjuk, és óvatosan eltávolítjuk a sárgáját.
c) Tegye a sárgáját egy kis tálba, és adjon hozzá nasturtium leveleket, szárakat és virágokat, valamint apróra vágott cseresznyét, petrezselymet és zöldhagymát. Villával törjük össze, adjunk hozzá annyi olívaolajat, hogy masszát kapjunk. Ízlés szerint ízesítjük tengeri sóval és borssal
d) Enyhén sózzuk a tojásfehérjét
e) Finoman töltse meg az üregeket sárgája-fűszerkeverékkel. Egy kis borsot őrölünk a tetejére. A nasturtium leveleket egy tányérra rendezzük, és a tetejére rakjuk a töltött tojásokat.
f) Díszítsük nasturtium virágokkal.

7.Omlett vad fűszernövényekkel

ÖSSZETEVŐK:

- ½ kilogramm Barba di frate és egy csokor vad menta
- 8 tojás
- 4 gerezd fokhagyma
- 50 milliliter Extra szűz olívaolaj
- 100 gramm parmezán sajt; lereszelve
- Só és frissen őrölt fekete bors

UTASÍTÁS:

a) Az olajat egy kis serpenyőbe tesszük a fokhagymával együtt, és felforraljuk.
b) Távolítsa el és dobja ki a fokhagymát, amikor aranybarna.
c) A Barba di frate-t két percig pároljuk az olajon, majd hozzáadjuk a parmezánnal, sóval és mentával enyhén felvert tojásokat. Addig keverjük, amíg el nem kezd dermedni.
d) Forró sütőbe tesszük, amíg meg nem sül. Tálra borítjuk, és azonnal tálaljuk.

8.Tojás gyógynövényes szószban

ÖSSZETEVŐK:
- 24 friss spárgalándzsa
- ¼ csésze Majonéz
- 8 uncia Karton kereskedelmi tejföl
- 1 Citromlé
- ½ teáskanál Só és ¼ teáskanál fehér bors
- ¼ teáskanál Cukor
- 2 teáskanál Friss petrezselyem; darált
- 1 teáskanál Friss kaporfű ; darált
- 1 teáskanál Friss metélőhagyma; darált
- 8 tojás; keményre főzve, osztva
- 12 uncia Csomag főtt 6" x 4" sonkaszeletek

UTASÍTÁS:
a) Főzzük a spárgát, lefedve, forrásban lévő vízben 6-8 percig; csatorna. Fedjük le és hűtsük le.
b) Keverje össze a majonézt, a tejfölt, a citromlevet, a sót, a fehér borsot, a cukrot, a petrezselymet, a darált kaprot és a metélőhagymát; jól összekeverni. Törj össze 1 kemény tojást; adjuk hozzá a majonézes keverékhez, és jól keverjük össze. Fedjük le és hűtsük le.
c) 2 sonkaszeletre 4 spárgalándzsát helyezünk. A sonkát spárgalándzsák köré tekerjük, facsákóval rögzítjük. A sonkába csomagolt spárgát tálalótálra helyezzük. Szeletelj fel 6 tojást, helyezd el a szeleteket a sonkán. Minden adagra kanalazzon körülbelül ¼ csésze gyógynövénymártást
d) A maradék tojást átszitáljuk. Minden adagra szórjuk. Friss kaporfűvel díszítjük .

9.Bodzavirág forró csokoládé

ÖSSZETEVŐK:
- 2 csésze tej (tej vagy alternatív tej)
- 2 evőkanál kakaópor
- 2 evőkanál cukor (ízlés szerint)
- 1 evőkanál bodzaszörp
- Díszítésnek tejszínhab és ehető virágok

UTASÍTÁS:
a) Egy serpenyőben melegítsük fel a tejet közepes lángon, amíg forró, de nem forr.

b) Egy kis tálban keverjük össze a kakaóport és a cukrot.

c) Keverje hozzá a bodzaszirupot, amíg jól össze nem áll.

d) Fokozatosan keverje hozzá a kakaós keveréket a forró tejhez, amíg sima és jól el nem keveredik.

e) Folytassa a bodzavirág forró csokoládé melegítését, időnként megkeverve, amíg el nem éri a kívánt hőmérsékletet.

f) Bögrékbe töltjük, a tetejét tejszínhabbal megkenjük, és ehető virágokkal díszítjük. Tálald és élvezd!

10. Bodzavirág fánk

ÖSSZETEVŐK:

- 1 ½ csésze univerzális liszt
- ½ csésze kristálycukor
- 2 teáskanál sütőpor
- ¼ teáskanál só
- ¼ csésze növényi olaj
- ½ csésze tej
- 2 nagy tojás
- 1 teáskanál bodza kivonat
- 1 evőkanál szárított bodzavirág (elhagyható)

UTASÍTÁS:

a) Melegítsd elő a sütőt 180°C-ra, és kenj ki egy fánkformát főzőpermettel.

b) Egy nagy tálban keverjük össze a lisztet, a cukrot, a sütőport és a sót.

c) Egy másik tálban keverjük össze az olajat, a tejet, a tojást, a bodzakivonatot és a szárított bodzavirágot (ha használunk).

d) A nedves hozzávalókat a száraz hozzávalókhoz öntjük, és addig keverjük, amíg össze nem áll.

e) A tésztát kanalazzuk az előkészített fánkformába úgy, hogy mindegyik formát körülbelül ¾-ig töltsük meg.

f) Süssük 12-15 percig, vagy amíg a fánk közepébe szúrt fogpiszkáló tisztán ki nem jön.

g) Hagyja a fánkokat néhány percig hűlni a serpenyőben, mielőtt rácsra helyezi, hogy teljesen kihűljön.

11.Bodzavirág Chia puding

ÖSSZETEVŐK:

- ¼ csésze chia mag
- 1 csésze tej (tej vagy növényi alapú)
- 2 evőkanál bodzaszirup vagy Bodzavirág teadélutánkoncentrátum
- 1 evőkanál méz vagy tetszés szerinti édesítő
- Friss gyümölcsök, diófélék vagy granola öntethez

UTASÍTÁS:

a) Egy tégelyben vagy tartályban keverje össze a chia magot, a tejet, a bodzaszirupot vagy a teadélutánkoncentrátumot és a mézet.

b) Jól keverje össze, és biztosítsa a chia magok egyenletes eloszlását.

c) Fedjük le az üveget, és tegyük hűtőbe legalább 2 órára vagy egy éjszakára, amíg a keverék besűrűsödik és pudingszerűvé válik.

d) A hűtési idő alatt egyszer vagy kétszer keverje meg a keveréket, hogy megakadályozza a csomósodást.

e) A bodzavirág chia pudingot hűtve, friss gyümölcsökkel, diófélékkel vagy granolával megszórva tálaljuk a további állag és íz érdekében.

12.Bodzavirág Smoothie Tál

ÖSSZETEVŐK:

- 1 fagyasztott banán
- ½ csésze fagyasztott bogyós gyümölcs (például eper, málna vagy áfonya)
- ¼ csésze bodzavirág teadélután (erősen főzve és lehűtve)
- ¼ csésze görög joghurt vagy növényi joghurt
- 1 evőkanál chia mag
- Öntetek: szeletelt gyümölcsök, granola, kókuszreszelék, dió stb.

UTASÍTÁS:

a) Turmixgépben keverje össze a fagyasztott banánt, a fagyasztott bogyókat, a bodzavirág teát, a görög joghurtot és a chia magot.

b) Keverjük simára és krémesre. Ha szükséges, adjon hozzá még egy csepp bodzavirág teát vagy vizet, hogy elérje a kívánt állagot.

c) Öntsük a turmixot egy tálba.

d) Tetejét szeletelt gyümölccsel, granolával, kókuszreszelékkel, dióval vagy bármilyen más öntettel tegyük meg.

e) Élvezze a frissítő és élénk Bodzavirág turmixtálat tápláló reggeliként.

13. Medvehagyma és burgonya Omlett

ÖSSZETEVŐK:

- 6 tojás
- 1 csésze medvehagyma levél apróra vágva
- 2 burgonya, vékonyra szeletelve
- 1 hagyma, szeletelve
- 1/2 csésze parmezán sajt, reszelve
- 2 evőkanál olívaolaj
- Só és bors ízlés szerint

UTASÍTÁS:

a) Melegítsük elő a sütőt 190 °C-ra (375 °F).
b) A burgonyát és a hagymát olívaolajon puhára pároljuk.
c) Egy tálban felverjük a tojásokat, és belekeverjük a medvehagymát és a parmezán sajtot.
d) Öntsük a tojásos keveréket a burgonyára és a hagymára.
e) Sütőben addig sütjük, amíg a Omlett megszilárdul és aranybarna nem lesz.

14.Bodzavirág francia pirítós

ÖSSZETEVŐK:

- 4 szelet kenyér
- 2 nagy tojás
- ½ csésze tej
- 2 evőkanál bodzaszörp
- ½ teáskanál vanília kivonat
- Főzéshez vaj vagy olaj
- Öntetek: porcukor, juharszirup, friss gyümölcs stb.

UTASÍTÁS:

a) Egy sekély tálban keverjük össze a tojást, a tejet, a bodzaszirupot és a vaníliakivonatot.

b) Mártson minden szelet kenyeret a tojásos keverékbe, és hagyja, hogy mindkét oldala néhány másodpercig ázzon.

c) Melegíts fel egy tapadásmentes serpenyőt vagy rácsot közepes lángon, és olvassz fel egy kis vajat vagy olajat.

d) Helyezze a beáztatott kenyérszeleteket a serpenyőre, és süsse mindkét oldalát aranybarnára, oldalanként körülbelül 2-3 percig.

e) Ismételje meg a maradék kenyérszeletekkel, szükség szerint adjon hozzá még vajat vagy olajat a serpenyőbe.

f) Tálalja a bodzavirág francia pirítóst melegen kedvenc feltéteivel, például porcukorral, juharsziruppal, friss gyümölcsökkel vagy egy adag tejszínhabbal.

15.Bodzavirág gofri

ÖSSZETEVŐK:
- 1½ csésze (220 g) univerzális fehér liszt
- ½ csésze (70 g) teljes kiőrlésű liszt (vagy használjon teljesen fehér lisztet)
- 2 tojás, szétválasztva
- ¾ csésze (180 ml) tej, tej vagy növényi alapú
- ¼ csésze (60 ml) Bodzavirág és Citrom Cordial (vagy helyettesítő tej)
- ¼ csésze (60 ml) natúr joghurt (opcionális)
- 50 g vaj, olvasztott
- 2 tk sütőpor
- 1 evőkanál cukor
- Főzéshez vaj vagy olaj
- Vegyes bogyós gyümölcsök (fagyasztott esetén felengedve)
- Joghurt vagy tejszínhab
- Folyékony méz vagy juharszirup

UTASÍTÁS:

a) Kezdje azzal, hogy a fehér lisztet egy keverőtálba helyezi. Készítsen mélyedést a közepébe, és adja hozzá a tojássárgáját, a tejet, a szívecskét és az opcionális joghurtot. Ezeket a hozzávalókat addig keverjük, amíg sűrű tésztát nem kapunk. Fedjük le a tálat egy tányérral, és tegyük egy éjszakára a hűtőbe.

b) A tojásfehérjéhez tegyük egy fedett edénybe, de tartsuk a konyhapulton (ne hűtsük le), hogy leegyszerűsítsük a reggeli folyamatot.

c) Vegye ki a tésztát a hűtőből. A vajat felolvasztjuk, és a sütőporral együtt óvatosan a masszába forgatjuk.

d) A tojásfehérjét és a cukrot külön tálba tesszük. Elektromos habverővel keverje össze őket, amíg lágy csúcsok képződnek. A tésztához adjunk egy kanál felvert tojásfehérjét, hogy lazítsa meg, majd óvatosan forgassuk bele a maradék habcsókot.

e) Kerülje a túlkeverést, hogy fenntartsa a keverék térfogatát. Ha úgy tetszik, kihagyhatja ezt a lépést, és előző este hozzáadhatja az egész tojást és a cukrot a tésztához.

f) Melegítse fel a gofrisütőjét. Adjunk hozzá kis mennyiségű vajat (előnyösen tisztított vajat használunk, hogy megakadályozzuk az égést), és cukros ecsettel egyenletesen vonjuk be a főzőlapokat.

g) Öntsön körülbelül ½ csésze tésztát a gofrisütőbe, engedje le a fedőt, és süsse, amíg aranybarnák nem lesznek, ami általában körülbelül 2 percet vesz igénybe.

h) Alternatív megoldásként használhat egy vastag serpenyőt, és mérsékelt lángon süsse a forró süteményeket mindkét oldaluk aranybarnára.

i) A megsült gofrit az asztalnál lévő tortarácsra helyezzük, nehogy beázzanak. Azonnal tálaljuk felmelegített bogyós gyümölcsökkel és egy csésze joghurttal vagy tejszínnel, majd meglocsoljuk mézzel vagy juharsziruppal.

j) Élvezze a pompás bodzavirág gofrit!

16.Pita zöldek, fűszernövények és tojás

ÖSSZETEVŐK:
- 2 font Friss zöldek
- Só
- ½ csokor Friss petrezselyem; apróra vágva
- ½ csokor Friss kapor; apróra vágva
- 1 marék friss cseresznye; szelet.
- ¼ csésze Vaj vagy margarin
- 1 csomó Mogyoróhagyma; apróra vágva
- ½ teáskanál Őrölt szegfűbors
- ½ teáskanál fahéj és ½ teáskanál Szerecsendió
- 2 teáskanál Kristálycukor
- Só és frissen őrölt bors
- 5 tojás; enyhén megvert
- 1 csésze Morzsolt feta sajt
- ½ csésze Tej, vagy több
- ½ csésze Vaj (opcionális); olvasztott
- 12 Kereskedelmi phyl lo lap

UTASÍTÁS:
a) Keverje össze a spenótot egy nagy tálban a petrezselyemmel, kaporral és cseresznyével, és alaposan keverje össze. Egy nagy serpenyőben felforrósítjuk a ¼ csésze vajat , hozzáadjuk a mogyoróhagymát a vajhoz, és addig pároljuk , amíg a fehér részek áttetszenek.

b) Adjuk hozzá a zöldeket, a fűszereket, a cukrot és a fűszerezéshez elegendő sót és borsot .

c) Most hozzáadjuk a tojást, a fetát és annyi tejet, hogy a zöld s telítsük. Kiterítünk 6 filolapot , mindegyiket megkenjük olvasztott vajjal. Egyenletesen elosztva beleöntjük a tölteléket. 45 percig sütjük .

17.Friss fűszernövényes kolbász

ÖSSZETEVŐK:
- 4 láb kis disznóbél
- 2 kiló fehérhal filé, kockára vágva
- 1 tojás, felvert
- 2 evőkanál apróra vágott friss metélőhagyma
- 1 evőkanál apróra vágott friss petrezselyem
- 1 teáskanál citromlé
- ½ teáskanál zeller só
- ½ teáskanál fekete bors

UTASÍTÁS:
a) Készítse elő a hüvelyeket. Tegye a halat a robotgépbe, és addig pörgesse, amíg a hal meg nem törik.
b) Adjuk hozzá a többi hozzávalót, és addig dolgozzuk, amíg minden jól össze nem keveredik.
c) Töltsd meg a burkolatot, és csavard ki 3-4" hosszúságúra.

KEZDŐK

18.Baba sárgarépa gyógynövény ecetben

ÖSSZETEVŐK:
- 20 kicsi sárgarépa
- ¾ csésze cukor
- 1 evőkanál citromlé
- 1 evőkanál vaj
- 2 evőkanál tárkonyecet

UTASÍTÁS:
a) Helyezze a sárgarépát, a vizet és a citromlevet egy kis serpenyőbe.
b) Fedjük le és pároljuk 5 percig.
c) Vegyük le a fedőt, emeljük a hőt magasra, és kevergetve főzzük, amíg a folyadék elpárolog (5 perc). Csökkentse a hőt.

19.Articsóka gyógynövényekkel

ÖSSZETEVŐK:
- 2 nagy articsóka (vagy 4 közepes)
- 1 kis sárgarépa
- 1 kis hagyma
- 1 evőkanál olívaolaj
- 2 evőkanál petrezselyem; apróra vágva
- ½ teáskanál bazsalikomlevél szárítva
- ½ teáskanál oregánó
- ½ teáskanál kaporfű
- 1 gerezd fokhagyma
- Só
- 1 csésze bor, száraz fehér
- Bors ízlés szerint

UTASÍTÁS:
a) Turmixgépben keverje össze a sárgarépát, hagymát, petrezselymet, szárított fűszernövényeket, fokhagymát és ízlés szerint sót és fekete borsot; finomra vágjuk. Töltsön gyógynövénykeveréket az articsóka levelei közé

b) Helyezze a főzőrácsot, a bort és ½ csésze vizet egy 4 vagy 6 literes gyorsfőző edénybe. Helyezze az articsókát rácsra; biztonságosan zárja le a fedelet. Helyezze a nyomásszabályozót a szellőzőcsőre.

c) Főzzük 20 percig 15 font nyomáson.

20. Canapé citromfüves mázzal

ÖSSZETEVŐK:

- Pumpernickel kenyér krémsajttal és szeletelt füstölt lazaccal
- Vajas sós rozs szeletelt tojással és kaviárral
- Sós rozs tormával; Chili szósz; apró garnélarák
- 1⅔ csésze víz
- ⅛ teáskanál szemes bors
- ½ babérlevél
- ½ teáskanál szárított kapor
- 1 csomag (3 uncia) citrom ízű zselatin
- 1 csipet Cayenne bors
- 3 evőkanál ecet

UTASÍTÁS:

a) Helyezze rácsra, és tegyen minden szendvicset 2-3 evőkanál citromfű-mázzal.

b) Citromos-fűszeres máz: forraljuk fel a vizet; adjunk hozzá szemes borsot, babérlevelet és szárított kaprot. Fedjük le, és pároljuk körülbelül 10 percig. Szűrd le. A forró folyadékban feloldjuk a zselatint, a sót és a cayenne-t. Adjunk hozzá ecetet. Hűtsük le, amíg kissé besűrűsödik. Kanál keveréket szendvicsekre

21.Friss fűszernövényes sajtos pizza

ÖSSZETEVŐK:

- 1 evőkanál kukoricadara
- 1 doboz (10 uncia) teljesen kész Pizza Crust
- 1 evőkanál olívaolaj vagy olaj
- 1 gerezd fokhagyma; darált
- 6 uncia reszelt mozzarella sajt
- ½ csésze Reszelt parmezán sajt
- 1 evőkanál apróra vágott friss bazsalikom
- 1 evőkanál apróra vágott friss oregánó

UTASÍTÁS:

a) Kenje ki a 12 hüvelykes pizzasütőt vagy 13 × 9 hüvelykes serpenyőt; megszórjuk kukoricadarával. Tekerjük ki a tésztát; kivajazott tepsibe nyomkodjuk.

b) Kis tálban keverje össze az olajat és a fokhagymát; csurgasd rá a tésztát. A tetejére egyenletesen mozzarella sajtot, parmezán sajtot, bazsalikomot és oregánót teszünk.

c) Süssük 425 fokon 13-16 percig, vagy amíg a kéreg mély aranybarna nem lesz

22.Friss fűszernövényes és metélőhagymás keksz

ÖSSZETEVŐK:
- 8 uncia Kemény selymes tofu
- ⅓ csésze almalé
- 1 evőkanál citromlé
- 1 csésze teljes kiőrlésű liszt
- 1 csésze univerzális liszt
- 2 teáskanál Sütőpor
- ½ teáskanál szódabikarbóna
- ¼ teáskanál só, opcionális
- 2 evőkanál bazsalikom apróra vágva -=VAGY=-
- 1 evőkanál bazsalikom, szárítva
- 2 evőkanál metélőhagyma apróra vágva -=VAGY=-
- 1 evőkanál metélőhagyma, szárítva

UTASÍTÁS:
a) Melegítse elő a sütőt 450 F-ra, és olajozza meg a sütilapokat.
b) A tofut simára turmixoljuk. Belekeverjük az almalevet és a citromlevet. Tegyük át egy közepes méretű keverőtálba, és tegyük félre. Szitáljuk össze a következő 5 hozzávalót, és öntsük a tofu keverékhez. Belekeverjük a bazsalikomot és a metélőhagymát. A tésztát enyhén lisztezett deszkára borítjuk, és golyót formázunk belőle. Nyújtsa ki a tésztát ½" vastagságúra, és kiszaggassa pogácsaszaggatóval. Süsse 12 percig, és azonnal tálalja.

23.Vietnami tavaszi tekercs

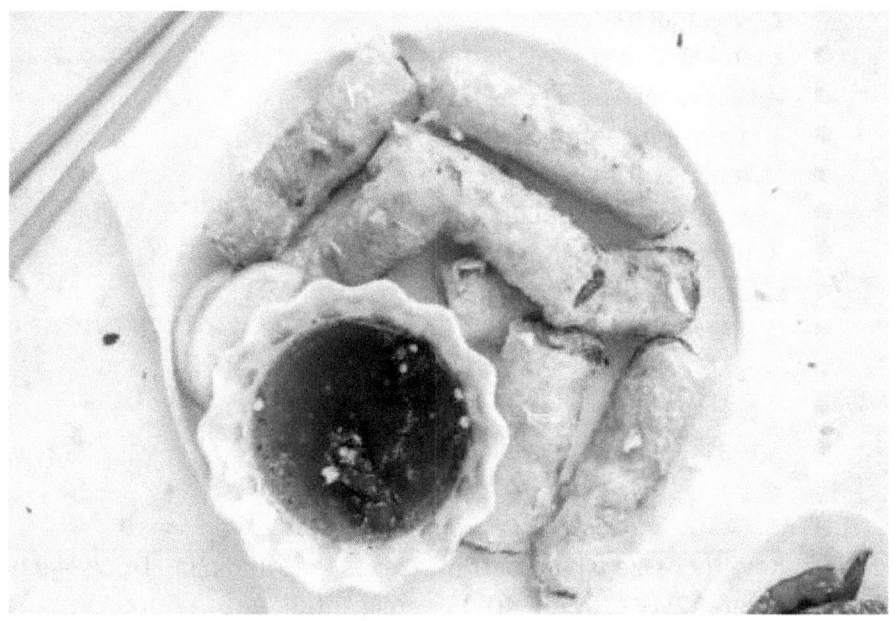

ÖSSZETEVŐK:
- 1 piros snapper
- 2 evőkanál halszósz
- 2 evőkanál méz
- ½ teáskanál Ázsiai szezámolaj
- 40 rizspapír csomagolóanyag
- Menta és friss koriander
- Vékony szelet angol uborka
- ½ kiló Friss babcsíra
- saláta levelek
- ¼ csésze rizsecet
- ¼ csésze limelé
- ¼ csésze cukor
- ¼ teáskanál Forró ázsiai chili szósz

UTASÍTÁS:
a) Keverje össze a halszószt mézzel és szezámolajjal. Dörzsölje bele a halat. 425F/210C-on 40-45 percig sütjük.
b) Egy kis tálban keverjük össze a szósz hozzávalóit.
c) Törj le egy darab halat, és helyezd az egyes burkolatok közepére, közvetlenül a közepe alá. Adjunk hozzá mentát és koriandert, 1 szelet uborkát és néhány babcsírát a hal tetejére. Öntsön szószt.

24.Rántott haloumi sajt

ÖSSZETEVŐK:

- 4 Érett szilvaparadicsom
- 1 vöröshagyma
- 1 uborka
- 20 fekete olajbogyó; kimagozott
- 1 csokor lapos petrezselyem
- 100 gramm Haloumi sajt e
- Bazsalikom; finomra vágott
- Koriander; finomra vágott
- Turbolya
- metélőhagyma
- 200 milliliter olívaolaj
- 2 citrom; lé
- 1 evőkanál fehérborecet
- Só, bors

UTASÍTÁS:

a) Mindezt egy tálban összekeverjük a hagymával és egy kis lapos petrezselyemmel. Öltöztesd meg egy kis olívaolajjal, sóval és borssal.

b) Forró, tapadásmentes serpenyőben süsse meg a Haloumi sajtot olaj nélkül.

c) Helyezzük a saláta tetejére, és csorgassuk körbe a tányért gyógynövényolajjal. Most adjunk hozzá egy kis citromlevet.

25. Füves Vajdió

ÖSSZETEVŐK:

- 1 kiló Vegyes gyógynövény salátalevél
- ¼ csésze frissen reszelt parmezán
- 3 szabadtartású tojás; enyhén megvert
- 1 csésze friss zsemlemorzsa
- 2 evőkanál sótlan vaj
- Napraforgóolaj
- Só és frissen őrölt bors

UTASÍTÁS:

a) Helyezze a gyógynövényleveleket egy közepes tálba. Hozzákeverjük a hagymát, a bazsalikomot, a parmezánt, a zsemlemorzsát, a tojást és a fűszereket.

b) Olvasszuk fel a vajat egy nagy serpenyőben. Adjunk hozzá annyi olajat, hogy ¼ hüvelyk olaj legyen a serpenyőben. Használjon 1 bőséges evőkanál keveréket minden rántáshoz, és süsse meg a Vajdiót néhány alkalommal, amíg mély aranybarna nem lesz, körülbelül 3 percig mindkét oldalán.

c) Konyhai papíron lecsepegtetjük; melegen tartjuk alacsony sütőben, amíg a maradék Vajdió meg nem fő.

26.Gyógynövényes garnélarák sörben

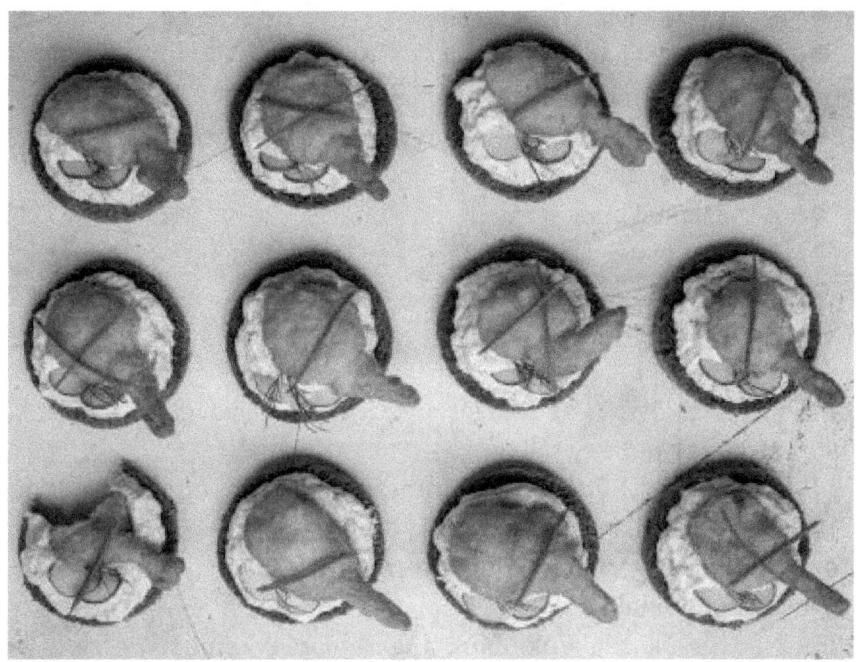

ÖSSZETEVŐK:

- 2 font hámozott nyers garnélarák
- 1½ csésze Kiváló nyugati sör
- 2 gerezd fokhagyma, darált
- 2 evőkanál metélőhagyma, apróra vágva
- 2 evőkanál petrezselyem, vágva
- 1½ teáskanál Só
- ½ teáskanál bors
- Reszelt saláta
- 2 zöldhagyma, apróra vágva

UTASÍTÁS:

a) Keverje össze az összes hozzávalót, kivéve a salátát és a zöldhagymát egy tálban.
b) Fedjük le, hűtsük le 8 órára vagy egy éjszakára; időnként megkeverjük. Lecsepegtetjük, tartalék pácot
c) Pároljuk a garnélarákot 4 cm-rel a tűzről, amíg meg nem főzik és megpuhulnak.
d) Ne süssük túl, különben a garnélarák kemény lesz. Időnként megkenjük páclével.
e) Tálaljuk a garnélarákot aprított salátán; megszórjuk apróra vágott zöldhagymával.

27.Szárított füge gyógynövényekkel

ÖSSZETEVŐK:

- ½ kiló Szárított füge
- ½ kiló szárított áfonya
- 2 csésze vörösbor
- ¼ csésze levendula vagy ízesített méz
- Fűszerek sajtkendőbe kötve:

UTASÍTÁS:

a) Tegye a fügét egy serpenyőbe vörösborral és mézzel, valamint egy válogatott fűszernövényekkel ellátott sajtkendőt. Forraljuk fel, és főzzük lefedve 45 percig, vagy amíg igazán megpuhul.

b) Vegye ki a fügét a serpenyőből; forraljuk fel a folyadékot, amíg körülbelül több mint a fele marad.

c) Dobja el a fűszereket sajtkendőben. Tálaljuk, vagy kanalazzuk rá vaníliás zsemlét vagy jeges tejet.

28.Könnyű gyógynövényes focaccia

ÖSSZETEVŐK:
- 16 uncia Csomagolt Hot Roll Mix
- 1 Tojás
- 2 evőkanál Olivaolaj
- ⅔ csésze Lilahagyma; Finomra vágott
- 1 teáskanál szárított rozmaring; Összetört
- 2 teáskanál Olivaolaj

UTASÍTÁS:
a) Két kerek tepsit vékonyan kivajazunk.
b) Készítsünk forró tekercskeveréket az alaptészta csomagolási utasításai szerint, 1 tojás felhasználásával és 2 evőkanál olajjal helyettesítve a csomagoláson feltüntetett margarint. Gyúrjuk a tésztát; hagyja pihenni az utasításoknak megfelelően. Ha kerek tepsit használunk, osszuk ketté a tésztát; tekerd két 9 hüvelykes körre. Helyezze az előkészített serpenyőbe.
c) A hagymát és a rozmaringot egy serpenyőben 2 teáskanál forró olajban puhára főzzük. Ujjbeggyel nyomd be a mélyedéseket a tésztába minden centiméterenként
d) 375 fokos sütőben 15-20 perc alatt aranybarnára sütjük. Hűtsük 10 percig rácson. Kivesszük a serpenyőből és teljesen kihűtjük.

29.Vadgombás Bruschetta

ÖSSZETEVŐK:

- 1 csésze erdei gomba (rókagomba, morzsa vagy bármilyen elérhető), apróra vágva
- 1 bagett
- 2 gerezd fokhagyma, darálva
- 2 evőkanál olívaolaj
- Só és bors ízlés szerint

UTASÍTÁS:

a) Tisztíts meg és vágj fel 1 csésze erdei gombát.
b) Pároljuk meg a gombát 2 evőkanál olívaolajon 2 gerezd darált fokhagymával.
c) Pirítós szeleteket a bagettből.
d) Top bagett szeleteket pirított gombával.
e) Sózzuk, borsozzuk. Melegen tálaljuk.

30. Medvehagyma Pesto Crostini

ÖSSZETEVŐK:
- 1 csésze medvehagyma levél
- 1/2 csésze fenyőmag
- 1/2 csésze parmezán sajt, reszelve
- 1/2 csésze olívaolaj
- Baguette szeletek
- Só és bors ízlés szerint

UTASÍTÁS:
a) Keverje simára a medvehagymát, a fenyőmagot, a parmezán sajtot és az olívaolajat.

b) Baguette szeleteket pirítunk, és megkenjük medvehagyma pestoval.

c) Sózzuk, borsozzuk.

31.Makktök rántott

ÖSSZETEVŐK:
- 2 csésze makktök, lereszelve
- 1 tojás
- 1/4 csésze liszt
- 1/4 csésze parmezán sajt, reszelve
- 1/4 csésze zöldhagyma, apróra vágva
- Só és bors ízlés szerint
- Olívaolaj a sütéshez

UTASÍTÁS:
a) Keverje össze a reszelt makktököt, a tojást, a lisztet, a parmezánt és a zöldhagymát.
b) Kis pogácsákat formálunk és olívaolajon aranybarnára sütjük.
c) Sózzuk, borsozzuk. Melegen tálaljuk.

ENTREES

32. Napcsók leves

ÖSSZETEVŐK:

- 2 kilós napcsók
- 2 szár zeller, durvára vágva
- 1 kockára vágott hagyma
- 2 evőkanál olívaolaj
- 1 gerezd fokhagyma
- 4 csésze zöldségleves
- ½ teáskanál szárított oregánó, szárított bazsalikomlevél és kakukkfű
- 1 csésze víz
- Só és bors ízlés szerint

UTASÍTÁS:

a) Dörzsölje meg a napfojtókat, hogy eltávolítsa azokat
b) szennyeződést, majd öblítse le víz alatt. Miután megtisztítottuk, durván vágjuk kockákra a napcsókokat, és tegyük egy nagy fazékba.
c) Töltse fel az edényt vízzel, amíg a napfojtók el nem merülnek. Főzzük puhára a napfoltokat, körülbelül 8 percig. Lecsepegtetjük, majd félretesszük.
d) Egy nagy holland sütőben hevítsük fel az olívaolajat, és adjuk hozzá a felkockázott hagymát és a felaprított fokhagymát. Ha a hagyma áttetsző, hozzáadjuk az apróra vágott zellert. Főzzük körülbelül 3 percig, gyakran kevergetve.
e) Hozzáadjuk a főtt napcsókát, az oregánót, a bazsalikomleveleket, a kakukkfüvet, az alaplevet és a vizet. Keverjük össze.
f) Forrald fel a levest, majd tedd lassú tűzre. 40 percig főzzük, amíg a napcsók megpuhul és megpuhul.
g) Hagyja kihűlni a levest, majd nagy sebességgel turmixgépben turmixolja, amíg a leves krémes és sima nem lesz.

33.Gesztenye mázas csirkemell

ÖSSZETEVŐK:

- Gesztenye juharszósz
- Amerikai szilva ketchup
- 4 csirkemell
- 2 gerezd darált fokhagyma
- 1 apróra vágott hagyma
- 1 evőkanál olívaolaj
- Só, bors

UTASÍTÁS:

a) Az olívát serpenyőben közepes lángon felhevítjük. Ha már csillogó, hozzáadjuk a felszeletelt hagymát és egy csipetnyit
b) só. 5 percig főzzük, majd letakarva hagyjuk még 10 percig karamellizálódni. Adjuk hozzá a darált fokhagymát és főzzük 1 percig.
c) Tegye a csirkemellet a serpenyőbe, és süsse mindkét oldalát enyhén barnára és már nem rózsaszínűre.
d) Minden csirkemellet megkenünk gesztenyés juharszósszal, és mindkét oldalukat addig sütjük, amíg a csirke a szósztól karamellizálódik, körülbelül három percig mindkét oldalon.
e) Öntsön egy további ½ csésze gesztenye juharszószt a serpenyőbe. Főzzük a csirkehússal további 2 percig.
f) Tálaláshoz mázas csirkemellet tálaljunk sült zöldségekkel és egy adag amerikai szilvás ketchuppal.

34. Vajdió Thai Curry

ÖSSZETEVŐK:

- 2 csésze földimogyoró, egy éjszakán át vízben áztatva
- 1 doboz kókusztej
- 1 csésze zöldségleves
- 2 evőkanál thai vörös chili paszta
- 1 evőkanál növényi vagy repceolaj
- 1 medvehagyma, szeletelve
- 2 gerezd fokhagyma, felaprítva
- 1 tk reszelt gyömbér
- 1 piros kaliforniai paprika, hosszában csíkokra vágva
- 1 csésze zöldbab
- ½ teáskanál cayenne bors
- ½ teáskanál chili por

UTASÍTÁS:

a) Engedje le a vizet az áztatott földimogyoróról, és helyezze nagy sebességű turmixgépbe vagy konyhai robotgépbe. Addig dolgozzuk, amíg sima és krémes nem lesz. .

b) Egy serpenyőben vagy holland sütőben melegítse fel a növényi olajat közepes lángon. Hozzáadjuk a szeletelt medvehagymát és a zúzott fokhagymát. Keverje addig, amíg a medvehagyma áttetszővé nem válik, körülbelül 5 percig.

c) Keverje hozzá a darált gyömbért, a thai vörös chilit, a cayenne borsot és a chiliport. Hagyja felmelegedni és illatosodni körülbelül 45 másodpercig.

d) Adjunk hozzá apróra vágott pirospaprikát és zöldbabot. 1 percig keverjük, majd beleöntjük a kikevert földimogyorót és a zöldséglevest. Forraljuk fel, és főzzük körülbelül 10 percig közepesalacsony lángon.

e) Öntsük hozzá a kókusztejet. Keverjük, amíg el nem keveredik, és forraljuk fel. Csökkentse a hőt és forralja fel, majd fedje le és főzze 15 percig.

35.Csalán Gnocchi

ÖSSZETEVŐK:

- 2 csésze csomagolt csalán
- 2 tojás
- 2 nagy rozsda burgonya
- 1 csésze univerzális liszt
- 1 evőkanál olívaolaj
- Só, bors
- citromhéj (díszítéshez)

UTASÍTÁS:

a) Tölts meg egy nagy edényt vízzel. Adjuk hozzá a burgonyát, és forraljuk fel nagy lángon, amíg a burgonya villával megpuhul.
b) Közben elkészítjük a csalánt. Helyezze a
c) csalánt egy tálba, és töltse fel vízzel, amíg a csalán el nem merül. Erőteljesen keverje meg a csalánt, hogy eltávolítsa a szennyeződéseket. Hagyjuk állni egy percig, majd szűrőedényben csepegtessük le a csalánt. Öntsön vizet a szűrőedényben lévő csalánra, hogy utoljára öblítse le.
d) Egy serpenyőben közepes lángon hevítsük fel az olívaolajat. Adjuk hozzá a csalánt és keverjük össze. Főzzük, amíg a csalán megfonnyad, körülbelül 5 percig.
e) Tegye turmixgépbe a csalánt, a tojást és egy evőkanál vizet. Adjunk hozzá egy csipet sót és borsot. Keverje össze a keveréket, amíg paszta nem lesz.
f) Ha a burgonya elkészült, hagyjuk kihűlni. Rizzsel vagy reszeld le a burgonyát, hogy finom csomók keletkezzenek, majd pépesítsd a rizses/reszelt burgonyát egy tálban.
g) Adjuk hozzá a csalánpürét a burgonyához és keverjük össze. Hozzáadjuk a lisztet, és addig gyúrjuk, amíg sima és enyhén ragacsos tésztát nem kapunk. Vágjuk a tésztát két részre.
h) Helyezzen egy tésztadarabot lisztezett felületre, és görgessen bele. Vágja a rönköt ½ hüvelykes darabokra. Ismételje meg a másik tésztadarabbal.
i) Forraljunk fel egy nagy fazék vizet egy csipet sóval. Főzzük meg a gnocchit négy részletben. A gnocchi akkor kész, amikor a víz tetejére emelkedik.
j) Tálaláskor díszítse a gnocchit olívaolajjal, citromhéjjal és borssal.

36.Bodza mázas tilápia

ÖSSZETEVŐK:
- 1 csésze takarmányozott bodza
- ½ teáskanál takarmányozott fahéj
- 1 teáskanál takarmányozott narancshéj
- 1 teáskanál takarmányozott citromhéj
- ½ csésze takarmányvíz
- ½ csésze takarmányméz
- Tilapia filé (vadon fogott, ha lehetséges)
- 1 evőkanál takarmányozott olívaolaj
- Só és bors ízlés szerint
- Frissen nyert citromlé ízlés szerint

UTASÍTÁS:

a) Egy közepes méretű takarmánykosárban keverje össze a bodzát, a fahéjat, a takarmányozott narancshéjat, a takarmányozott citromhéjat és a vizet. Helyezze a kosarat nyílt láng vagy hordozható tűzhely fölé a rusztikus főzési élmény érdekében.
b) Forraljuk fel enyhén a keveréket, majd csökkentsük a hőt, és hagyjuk párolni, amíg a főzet besűrűsödik és csökken.
c) Hagyja kissé lehűlni a takarmánykeveréket, majd öntse rá a takarmányozott tálra illesztett finomszemű szitára. Dobjon ki minden takarmányozott szilárd anyagot.
d) Hagyja a takarmányozott bodza levét a tálban 15 percig kültéri környezeti hőmérsékleten vagy árnyékos, takarmányozott területen letakarva 30 percig állni. Ha kihűlt, keverje hozzá a takarmány mézet, amíg össze nem áll. Félretesz, mellőz.
e) Eközben állítson fel egy rögtönzött szabadtéri brojlert nyílt láng vagy grill segítségével. Egy takarmányozott, sekély serpenyőben vagy egy rakott edényben, amelyet a szabadtéri felfedezések során talál, helyezze el egyetlen rétegben a vadon fogott tilápia filét.
f) Süsd a tilápiát a szabad ég alatt vagy a grill felett 5 percig, vagy addig, amíg meg nem ragadja a szabadtér lényegét.
g) Vegye ki a tilápiát a kültéri brojlerből, és szórja meg a halat takarmányozott olívaolajjal, valamint egy csipet sóval és borssal. Öntse a természet gazdagságából készített bodzamázt a filé tetejére, amíg bevonat nem lesz, de nem ázik meg túlságosan.
h) Tegye vissza a serpenyőt a kültéri brojlerbe további 5 percre, hogy a filé teteje enyhén karamellizált tökéletességet érjen el, amely egy vadonbeli lakomára emlékeztet.
i) Élvezze a takarmányozott bodza mázas tilápiát egy csipetnyi takarmányozott citrommal és egy extra adag vad mázzal. Ízlelje meg a szabadtér ízeit minden falatban!

37.B avari gyógynövényleves

ÖSSZETEVŐK:

- 1 kiló gyógynövények
- 4 evőkanál vaj
- 1 nagy hagyma, apróra vágva
- 1 liter víz vagy zöldségalaplé
- 1 nagy burgonya, meghámozva és apró kockákra vágva
- só, bors
- kenyérkockák krutonokhoz
- cseresznye, vízitorma, spenót, sóska

UTASÍTÁS:

a) Olvasszuk fel a vajat egy mély serpenyőben, és pirítsuk finoman a hagymát, amíg átlátszó lesz. Adja hozzá a fűszernövényeket, és egy pillanatig izzítsa meg, mielőtt felönti a vízzel vagy a húslevessel. Adjuk hozzá a burgonyát a leveshez. Forrald fel a levest, majd vedd le a tüzet. 20 percig pároljuk. A burgonyát pépesítsd a levesbe, hogy kicsit besűrűsödjön. Kóstoljuk meg, sózzuk és frissen őrölt borssal adjuk hozzá.

b) Vajon vagy szalonnazsírban sült zsemle krutonnal tálaljuk

38.Nyári tökleves

ÖSSZETEVŐK:

- 4 közepes cukkini; mosás, szeletelt 1"
- 1 nagy sárga tök; mosás, szeletelt 1"
- 1 pogácsa squash; negyedelve
- 1 nagy hagyma; vékonyra szeletelve
- 1 teáskanál fokhagyma; finomra darálva
- 3 csésze csirke húsleves; zsírtalanított (3-3,5)
- Só és frissen őrölt fehérbors; megkóstolni
- 2 evőkanál friss bazsalikom; finomra vágott
- 2 evőkanál friss petrezselyem; finomra vágott
- 1 evőkanál citromlé
- 1 csésze író
- Friss bazsalikom; apróra vágva
- Friss petrezselyem; apróra vágva

UTASÍTÁS:

a) Egy nagy serpenyőbe helyezzük az összes tököt. Adjuk hozzá a hagymát, a fokhagymát, a húslevest, sózzuk és borsozzuk; forraljuk fel, fedjük le, csökkentsük a hőt és pároljuk 20-25 percig .
b) Aprítógépben vagy turmixgépben a bazsalikommal, petrezselyemmel és citromlével simára pürésítjük
c) Keverjük hozzá az írót
d) Tálaláskor simára keverjük, és a fűszerezést sózzuk és borsozzuk.

39. Vadgombás rizottó

ÖSSZETEVŐK:

- 1 csésze erdei gomba (rókagomba, morzsa vagy bármilyen elérhető)
- 1 csésze Arborio rizs
- 1/2 csésze száraz fehérbor
- 4 csésze zöldség- vagy csirkehúsleves
- 1 hagyma, finomra vágva
- 2 gerezd fokhagyma, felaprítva
- 1/2 csésze parmezán sajt, reszelve
- 2 evőkanál vaj
- Só és bors ízlés szerint

UTASÍTÁS:
a) A hagymát és a fokhagymát a vajban áttetszővé pároljuk.
b) Adjuk hozzá az Arborio rizst és főzzük enyhén pirítósra.
c) Felöntjük a fehérborral, és addig keverjük, amíg nagyrészt elpárolog.
d) Fokozatosan adjuk hozzá a meleg húslevest, gyakran kevergetve, amíg a rizs meg nem fő.
e) Hozzákeverjük az erdei gombát és a parmezán sajtot. Sózzuk, borsozzuk. Melegen tálaljuk.

40.Csalán és burgonya leves

ÖSSZETEVŐK:
- 4 csésze friss csalánlevél
- 2 burgonya, kockára vágva
- 1 hagyma, apróra vágva
- 2 gerezd fokhagyma, felaprítva
- 4 csésze zöldségleves
- 2 evőkanál olívaolaj
- Só és bors ízlés szerint

UTASÍTÁS:
a) A csalán kezeléséhez viseljen kesztyűt. Távolítsa el a szárakat és vágja le a leveleket.
b) A hagymát és a fokhagymát olívaolajon áttetszővé pároljuk.
c) Adjuk hozzá a burgonyát, a csalánt és a zöldséglevest. Pároljuk, amíg a burgonya megpuhul.
d) A levest simára turmixoljuk. Sózzuk, borsozzuk.

41.Takarmánynövény-kérges pisztráng

ÖSSZETEVŐK:

- 4 pisztráng filé
- 1/2 csésze vegyes takarmányfűszer (rozmaring, kakukkfű, oregánó), apróra vágva
- 2 evőkanál olívaolaj
- 1 citrom, szeletelve
- Só és bors ízlés szerint

UTASÍTÁS:

a) Melegítsük elő a sütőt 190 °C-ra (375 °F).
b) Keverje össze az apróra vágott fűszernövényeket olívaolajjal.
c) A gyógynövénykeverékkel dörzsölje át a pisztrángfilét. Sózzuk, borsozzuk.
d) A tetejére citromszeleteket teszünk, és 15-20 percig sütjük, amíg a hal könnyen fel nem válik.

42.Töltött szőlőlevelek takarmányozott zöldekkel

ÖSSZETEVŐK:

- 1 csésze takarmányzöld (pitypanglevél, útifűlevél)
- 1 csésze rizs, főtt
- 1/4 csésze fenyőmag
- 1/4 csésze ribizli
- 1 citrom levében
- Szőlőlevél (friss vagy tartósított)
- Olívaolaj
- Só és bors ízlés szerint

UTASÍTÁS:

a) A szőlőleveleket forrásban lévő vízben blansírozzuk, amíg megpuhul.
b) Keverje össze a főtt rizst, a takarmányzöldeket, a fenyőmagot, a ribizlit és a citromlevet egy tálban.
c) Helyezzen egy kanál keveréket minden szőlőlevélre, és tekerje szoros kötegbe.
d) A megtöltött szőlőleveleket egy tepsibe tesszük, meglocsoljuk olívaolajjal, és átmelegítésig sütjük.

43. Vadfűvel és kecskesajttal töltött csirkemell

ÖSSZETEVŐK:

- 4 csirkemell
- 1 csésze vegyes takarmányfűszer (kakukkfű, zsálya, majoránna), apróra vágva
- 1/2 csésze kecskesajt
- 2 evőkanál olívaolaj
- Só és bors ízlés szerint

UTASÍTÁS:

a) Melegítsük elő a sütőt 190 °C-ra (375 °F).
b) Keverje össze az apróra vágott fűszernövényeket a kecskesajttal.
c) Minden csirkemellbe készíts zsebet, és töltsd meg a gyógynövényes kecskesajt keverékkel.
d) A csirkemelleket sózzuk, borsozzuk, majd olívaolajon aranybarnára sütjük. A sütést a sütőben készre sütjük.

44.Hegedűfejű páfrány és spárgasütés

ÖSSZETEVŐK:
- 1 csésze hegedűfejű páfrány, megtisztítva
- 1 csésze spárga, szeletelve
- 1 evőkanál szezámolaj
- 2 gerezd fokhagyma, felaprítva
- Szójaszósz ízlés szerint
- Szezámmag a díszítéshez

UTASÍTÁS:
a) A páfrányt és a spárgát forrásban lévő vízben néhány percig blansírozzuk, majd leszűrjük.
b) Egy serpenyőben szezámolajat hevítünk, hozzáadjuk a darált fokhagymát, és kevergetve megpirítjuk a kifehéredett zöldségeket.
c) Adjunk hozzá szójaszószt ízlés szerint, és főzzük tovább, amíg a zöldségek megpuhulnak.
d) Tálalás előtt szezámmaggal díszítjük.

45. Rókagomba és póréhagyma Quiche

ÖSSZETEVŐK:

- 1 pite kéreg
- 2 csésze rókagomba megtisztítva és felszeletelve
- 1 póréhagyma, vékonyra szeletelve
- 1 csésze Gruyere sajt, reszelve
- 4 tojás
- 1 csésze tej
- Só és bors ízlés szerint

UTASÍTÁS:

a) Melegítsük elő a sütőt 190 °C-ra (375 °F).
b) A rókagombát és a póréhagymát puhára pároljuk.
c) Egy tálban keverjük össze a tojást, a tejet, a sót és a borsot.
d) A pirított gombát és a póréhagymát elrendezzük a pitehéjban, a tetejére reszelt sajtot szórunk, és ráöntjük a tojásos keveréket.
e) Addig sütjük, amíg a quiche megszilárdul és aranybarna nem lesz.

46.Kasha szárított gyümölccsel

ÖSSZETEVŐK:

- 2 evőkanál repceolaj
- 1 nagy hagyma, apróra vágva
- 3-4 szár zeller
- 2 evőkanál zsálya, darálva
- 2 evőkanál kakukkfű levél
- Só és bors ízlés szerint
- 1 citrom héja, ledarálva
- 4 csésze főtt egész kasha dara csirkealaplében főzve az extra ízért
- 1 csésze kockára vágott vegyes aszalt gyümölcs
- ½ csésze pirított dió

UTASÍTÁS:

a) Egy nagy serpenyőben felforrósítjuk az olajat, és időnként megkeverve megfonnyasztjuk benne a hagymát. Adjuk hozzá a zellert, a zsályát, a kakukkfüvet, sózzuk, borsozzuk, és kevergetve főzzük még 5 percig.

b) Keverje hozzá a citrom héját, és keverje össze a főtt kashával. Az aszalt gyümölcsöt zöldségpárolóban megpároljuk, hogy megpuhuljanak, és hozzáadjuk a dióval együtt.

c) Forrón tálaljuk köretként, vagy használjuk tölteléknek.

47.Krém csirke gyógynövény s

ÖSSZETEVŐK:

- 1 doboz Krémes csirkehúsleves
- 1 doboz Tyúkhúsleves
- 1 doboz tej
- 1 kanna Víz
- 2 csésze Bisquick sütőkeverék
- ¾ csésze tej

UTASÍTÁS:

a) Üres doboz leves egy nagy serpenyőbe
b) Keverje hozzá a dobozos vizet és a tejet. Keverjük össze simára. Közepes lángon forrásig melegítjük
c) Keverjük össze a Bisquick-et és a tejet. A tésztának vastagnak és ragacsosnak kell lennie . A tésztát teáskanálonként öntse a forrásban lévő levesbe.
d) A gombócokat főzzük kb. 8-10 perc. fedetlen

48.Sárgabarack dijoni mázas pulyka

ÖSSZETEVŐK:

- 6 csirkehúsleves kocka
- 1½ csésze főzetlen, hosszú szemű fehér rizs
- ½ csésze reszelt mandula
- ½ csésze apróra vágott szárított sárgabarack
- 4 zöldhagyma tetejével; szeletelt
- ¼ csésze vágott friss petrezselyem
- 1 evőkanál narancshéj
- 1 teáskanál szárított rozmaring; összetörve
- 1 teáskanál Szárított kakukkfű levelek
- 1 csont nélküli pulykamell fele - körülbelül 2 1/2 font
- 1 csésze Sárgabarack lekvár vagy narancslekvár
- 2 evőkanál dijoni mustár

UTASÍTÁS:

a) Gyógynövényes pilafhoz forraljuk fel a vizet. Adjunk hozzá húslevest. Levesszük a tűzről egy tálba. Adja hozzá az összes többi pilaf hozzávalót, kivéve a pulyka; jól összekeverni. Helyezze a pulykát a rizskeverék tetejére.

b) Fedjük le és süssük 45 percig

c) Vegye ki a pulykát a sütőből; óvatosan távolítsa el a Bakert a sütőkesztyűkkel.

d) Közvetlenül tálalás előtt keverjük meg a pilafot, tálaljuk pulykával és szósszal.

49. Csirke és rizs gyógynövényes szósszal

ÖSSZETEVŐK:

- ¾ csésze forró víz
- ¼ csésze fehérbor
- 1 teáskanál csirke ízű húsleves granulátum
- 4 (4 oz.) csirkemell fél bőrrel és kicsontozva
- ½ teáskanál kukoricakeményítő
- 1 evőkanál Víz
- 1 csomag Neufchatel-stílusú sajt gyógynövényekkel és fűszerekkel
- 2 csésze forrón főtt hosszú szemű rizs

UTASÍTÁS:

a) Forraljuk fel a forró vizet, a bort és a húsleves granulátumot egy nagy serpenyőben, közepesen magas lángon. Csökkentse a hőt, és adjunk hozzá csirkét, pároljuk 15 percig; 8 perc múlva fordul. Ha kész, vegyük ki a csirkét, tartsuk melegen. Forraljuk fel a főzőfolyadékot, csökkentsük ⅔ csészére.

b) Keverjük össze a kukoricakeményítőt és a vizet, és adjuk hozzá a folyadékhoz. Forraljuk fel és főzzük 1 percig folyamatos keverés mellett. Hozzáadjuk a krémsajtot, és dróthabverővel folyamatosan kevergetve addig főzzük, amíg jól el nem keveredik. Kiszolgálni:

c) A rizs tetejére csirkét, a csirkére kanál szószt

50.Csirke tejszínben és gyógynövényben

ÖSSZETEVŐK:

- 6 Csirkecomb, bőrrel és kicsontozva
- Univerzális liszt sóval és borssal fűszerezve
- 3 evőkanál vaj
- 3 evőkanál olívaolaj
- ½ csésze száraz fehérbor
- 1 evőkanál citromlé
- ½ csésze tejszínhab
- ½ teáskanál szárított kakukkfű
- 2 evőkanál darált friss petrezselyem
- 1 citrom, szeletelve (díszek)
- 1 evőkanál kapribogyó, leöblítve és lecsepegtetve (díszítés)

UTASÍTÁS:

a) Egy nagy serpenyőben hevíts fel 1½ evőkanál vajat és olajat. Adjunk hozzá csirkedarabokat, ahogy elfér, zsúfoltság nélkül. szakács

b) Adjunk hozzá bort és citromlevet a serpenyőbe, és közepes lángon pároljuk, kevergetve, hogy a megbarnult részecskék összekeveredjenek. Forraljuk fel, körülbelül a felére csökkentjük

c) Adjunk hozzá tejszínhabot, kakukkfüvet és petrezselymet; forraljuk, amíg a szósz kissé besűrűsödik. A melegedő tál húslevét öntsük a szószba.

d) A mártást ízlés szerint fűszerezzük. Ráöntjük a húsra, és petrezselyemmel, citromszeletekkel és kapribogyóval díszítjük

51.Csirke madeira kekszre

ÖSSZETEVŐK:
- 1 ½ kiló csirkemell
- 1 evőkanál étolaj
- 2 gerezd fokhagyma apróra vágva
- 4½ csésze negyedekre vágott friss gomba
- ½ csésze apróra vágott hagyma
- 1 csésze tejföl
- 2 evőkanál univerzális liszt
- 1 csésze sovány tej
- ½ csésze csirkehúsleves
- 2 evőkanál madeira vagy száraz sherry

UTASÍTÁS:
a) Süsd a csirkét forró olajban közepesen magas lángon 4-5 percig, vagy amíg már nem rózsaszínű lesz. Adja hozzá a fokhagymát, a gombát és a hagymát a serpenyőbe. Fedő nélkül főzzük 4-5 percig, vagy amíg a folyadék elpárolog.
b) Egy tálban keverjük össze a tejfölt, a lisztet, ½ teáskanál sót és ¼ teáskanál borsot. Adjuk hozzá a tejfölös keveréket, a tejet és a húslevest a serpenyőbe. Adjunk hozzá csirkét és Madeira-t vagy sherryt; átmelegíteni.
c) Gyógynövényes kekszre tálaljuk.
d) Ízlés szerint megszórjuk vékonyra szeletelt zöldhagymával

52.Csirke leves gyógynövényekkel

ÖSSZETEVŐK:

- 1 csésze szárított cannellini bab
- 1 teáskanál Olivaolaj
- 2 póréhagyma, vágva -- megmosva
- 2 sárgarépa - meghámozva és felkockázva
- 10 milliliter fokhagyma – finomra vágva
- 6 szilvás paradicsom -- kimagozott és
- 6 új burgonya
- 8 csésze Házi készítésű csirkehúsleves
- ¾ csésze száraz fehér nyüszítés
- 1 szál friss kakukkfű
- 1 szál friss rozmaring
- 1 babérlevél

UTASÍTÁS:

a) Öblítse le a babot, szedje le, öntse le vízzel, és tegye félre ázni 8 órára vagy egy éjszakára. Egy nagy fazékban közepes-alacsony lángon hevíts olajat. Adjunk hozzá póréhagymát, sárgarépát és fokhagymát; főzzük, amíg megpuhul, körülbelül 5 percig. Hozzákeverjük a paradicsomot, és 5 percig főzzük. Adjuk hozzá a burgonyát és főzzük 5 percig.

b) Adjunk hozzá csirkehúslevest, bort és gyógynövényeket; felforral. Csepegtessük le a babot, és adjuk hozzá az edényhez; főzzük 2 órát, vagy amíg a bab megpuhul.

c) Tálalás előtt távolítsa el a babérlevelet és a gyógynövény ágakat.

53.Csirke borral és fűszernövényekkel

ÖSSZETEVŐK:
- Csirke sütés
- ½ teáskanál oregánó
- ½ teáskanál bazsalikom
- 1 csésze száraz fehérbor
- ½ teáskanál fokhagymás só
- ½ teáskanál Só
- ¼ teáskanál bors

UTASÍTÁS:
a) A csirkét megmossuk és feldaraboljuk. Kis mennyiségű olajban barna csirkedarabokat minden oldalról. Öntse le a felesleges olajat.
b) Adjunk hozzá bort és fűszereket, és pároljuk 30-40 percig, vagy amíg a csirke megpuhul.

54. Csicseriborsó és gyógynövény saláta

ÖSSZETEVŐK:
- 1 doboz Csicseriborsó (16 oz.)
- 1 közepes Uborka, hámozott
- 1 nagy paradicsom
- 1 pirospaprika kimagozva és felkockázva
- 2 mogyoróhagyma, apróra vágva
- 1 avokádó
- ⅓ csésze olívaolaj
- 1 citrom
- ¼ teáskanál Só
- ⅛ teáskanál fehér bors
- 8 levél friss bazsalikom apróra vágva
- ⅓ csésze kapor, friss

UTASÍTÁS:
a) A csicseriborsót lecsepegtetjük és jól átmossuk. Az uborkát vékony szeletekre vágjuk, majd félbevágjuk. A paradicsomot szeletekre vágjuk, majd félbevágjuk.
b) Tedd egy tálba az uborkát és a paradicsomdarabokat, valamint a pirospaprikát és a mogyoróhagymát. Félretesz, mellőz. Kocka avokádót. Tedd egy nagy tálba, és add hozzá az olajat és a fél citrom levét.
c) Adjuk hozzá a sót, a borsot és a bazsalikomot. Villával keverjük össze (az avokádó krémes lesz).
d) Adjuk hozzá a zöldségeket és a kaprot az avokádó keverékhez. Óvatosan dobd fel. Adjuk hozzá a csicseriborsót, és keverjük össze.
e) Kóstoljuk meg és adjunk hozzá még citromot, sót és borsot, ha szükséges. Szolgál. Előre elkészíthető és hűthető.

55. Friss fűszernövény és parmezán

ÖSSZETEVŐK:
- 5 csésze csirke- vagy zöldségalaplé
- 3 evőkanál olívaolaj
- ½ nagy hagyma; apróra vágva
- 1½ csésze Arborio rizs
- ½ csésze száraz fehérbor
- ¾ csésze parmezán sajt; lereszelve
- 1 csésze vegyes friss fűszernövények
- ½ csésze pirított pirospaprika; apróra vágva
- Só, bors; megkóstolni

UTASÍTÁS:
a) Egy kis serpenyőben nagy lángon forraljuk fel az alaplevet. Csökkentse a hőt alacsonyra, és tartsa melegen a folyadékot.
b) A hagymát megdinszteljük, hozzáadjuk a rizst, és addig keverjük, amíg fehér folt nem jelenik meg a szemek közepén, körülbelül 1 percig.
c) Adjunk hozzá bort és keverjük addig, amíg fel nem szívódik. Keverés közben lassan adjuk hozzá az alaplevet.
d) Adjunk hozzá ¾ csésze parmezán sajtot, fűszernövényeket, sült paprikát, és ízlés szerint sózzuk és borsozzuk. Keverjük össze.

56.Gyermekláncfű saláta

ÖSSZETEVŐK:
- 4 csésze friss pitypang zöldje
- 1 csésze koktélparadicsom félbevágva
- 1/2 csésze feta sajt, morzsolva
- 1/4 csésze balzsamecetes vinaigrette
- Só és bors ízlés szerint

UTASÍTÁS:
a) Mossa meg és szárítsa meg a pitypang zöldjét.
b) Dobd rá a pitypang zöldjét, a koktélparadicsomot és a feta sajtot.
c) Meglocsoljuk balzsamecettel. Sózzuk, borsozzuk.

57.Zöldségkonfetti fűszernövényekkel

ÖSSZETEVŐK:

- 3 közepes Sárgarépa; hámozott
- 1 közepes cukkini; végei nyírva
- 1 teáskanál olívaolaj
- ⅛ teáskanál őrölt szerecsendió
- ⅛ teáskanál kakukkfű

UTASÍTÁS:

a) A sárgarépát és a cukkinit egy reszelő durva oldalán felaprítjuk.
b) Egy közepes méretű serpenyőben olajat hevítünk közepesen magas lángon.
c) Hozzákeverjük a zöldségeket, a szerecsendiót és a kakukkfüvet.
d) Főzzük 3-4 percig, időnként megkeverve, amíg a zöldségek megfonnyadnak.

58.Pörkölt gyógynövény árpa

ÖSSZETEVŐK:
- 1 nagy hagyma
- ½ rúd vaj
- ½ kiló friss gomba, szeletelve
- 1 csésze gyöngy árpa
- 1 teáskanál só
- 3 csésze zöldségalaplé
- 1 teáskanál kakukkfű
- ½ teáskanál majoránna
- ½ teáskanál rozmaring
- ¼ teáskanál zsálya
- ½ teáskanál nyári sós

UTASÍTÁS:
a) A hagymát apróra vágjuk. Egy nagy, tűzálló serpenyőben süsd meg a hagymát a vajban körülbelül 5 percig, amíg áttetsző lesz. Adjuk hozzá a gombát, és főzzük további 3 percig. Keverje hozzá az összes többi hozzávalót, kivéve az alaplevet, és a fűszernövényeket törje össze, mielőtt hozzáadja.
b) pároljuk, kevergetve néhány percig, hogy bevonja az árpát
c) Egy külön serpenyőben felforrósítjuk az alaplevet, és forrón hozzáadjuk az alaplevet az árpa keverékhez.
d) Fedjük le a tepsit alufóliával, és süssük körülbelül egy órán át 350 fokra előmelegített sütőben.

DESSZERT

59.Serviceberry torta zabhéjjal

ÖSSZETEVŐK:

- 2 ½ csésze bogyó
- 3 evőkanál bogyó lekvár
- ¼ csésze víz
- 1 ¾ csésze hengerelt zab
- ¼ csésze mandulaliszt (vagy univerzális liszt, ha diómentes)
- 4 evőkanál vaj vagy kókuszolaj
- ½ teáskanál só
- 1 evőkanál dióvaj (vagy további vaj/kókuszolaj, ha diómentes)
- 2 evőkanál mandulatej vagy kókusztej
- 1 tk citromhéj

UTASÍTÁS:

a) Melegítsük elő a sütőt 350-ra. Egy tortaformát olajozzuk meg és tegyük félre.
b) A kéreg elkészítéséhez a zabot aprítógépben pépesítsd szemcsésre. Adjunk hozzá mandulalisztet, sót, vajat, de vajat és ½ teáskanál citromhéjat. Porszívózzuk, majd adjuk hozzá a mandulatejet, és addig verjük, amíg a tészta enyhén ragacsos nem lesz.
c) Egy olajozott tortaformába nyomkodjuk a zabhéjat. Vakon sütjük a zabhéjat 7 percig.
d) Egy közepes serpenyőben keverj össze 1 ½ csésze bogyót, a lekvárt és a vizet. Forraljuk fel, majd 2 percenként keverjük meg lassú tűzön. Kapcsolja le a hőt, ha a gyümölcs lecsökkent és besűrűsödött, hogy szirupra hasonlítson. Ha nem szereti a magok állagát, szűrje le a keveréket egy finom szitán.
e) Szórja meg a maradék 1 csésze bogyót a zabhéjra. Öntsük a bogyószirupot a bogyókra, és egy gumilapát segítségével simítsuk el a keveréket.
f) Süssük a tortát körülbelül 30 percig, amíg a bogyók össze nem zsugorodnak.

60.Fűszeres datolyaszilva torta

ÖSSZETEVŐK:

- 2 puha, érett datolyaszilva
- ¼ csésze juharszirup
- 2 csésze cukor
- 1 doboz kókusztej
- ½ csésze növényi olaj
- 1 ½ csésze univerzális liszt
- 1 ½ csésze tönkölyliszt
- 1 tk fahéj
- 1 tk gyömbér
- 1 tk szerecsendió
- ¼ tk őrölt szegfűszeg

UTASÍTÁS:

a) Melegítsük elő a sütőt 350 fokra. Egy tortaformát vagy tepsit kiolajozunk, és félretesszük.
b) A datolyaszilva húsát kikanalazzuk, és egy nagy tálba tesszük. Adjuk hozzá a juharszirupot, a cukrot, a kókusztejet és a növényi olajat. A hozzávalókat keverjük össze.
c) Egy másik nagy tálban keverje össze az összes száraz hozzávalót, és keverje össze, amíg el nem keveredik.
d) Lassan öntse a nedveset a száraz tálba. Gumi spatulával addig keverjük, amíg össze nem áll, ügyelve arra, hogy ne keverjük túl!
e) Öntsük a keveréket az előkészített tortaformába, és tegyük a sütőbe sütni.
f) percek. A torta akkor sül meg, amikor a közepébe szúrt fogpiszkáló tisztán kijön.

61.Liszt nélküli csokoládé mogyorótorta

ÖSSZETEVŐK:

- 1 csésze mogyoró
- ¼ csésze kakaópor
- ½ csésze keserű csokoládé
- Csipet só
- 4 nagy tojás, válasszuk el a fehérjét a sárgájától
- 4 evőkanál vaj vagy kókuszolaj
- ½ csésze cukor
- 1 tk vanília kivonat

UTASÍTÁS:

a) A sütőt 275 fokra előmelegítjük. Egy tepsit kibélelünk sütőpapírral, beleszórjuk a mogyorót, és körülbelül 10 percig sütjük.
b) Közben elkészítjük a süteményt/bundt formát
c) permetezzen be egy 9 hüvelykes rugós formát főzőpermettel, és helyezzen sütőpapírt a serpenyő aljára.
d) Miután a dió kihűlt, robotgépben pörgesse addig, amíg durva mogyóróliszt nem lesz belőle.
e) Növelje a sütő hőmérsékletét 350 fokra.
f) Egy nagy tálban a tojássárgáját, a cukrot és a vaníliát simára és jól összekeverjük. Hozzákeverjük a mogyorólisztet és a sót.
g) Egy másik nagy tálban verjük kemény habbá a tojásfehérjét.
h) Olvasszuk fel a csokoládét és a vajat a tűzhelyen vagy a mikrohullámú sütőben, kis lépésekben. Hagyjuk kicsit hűlni, majd öntsük a keveréket a tálba a mogyoróliszttel, a tojássárgájával és a cukorral. Keverjük össze.
i) A tojásfehérjét a csokis masszához keverjük, és addig keverjük, amíg egynemű nem lesz. A masszát az előkészített rugós formába kaparjuk.
j) Süssük a süteményt a sütőben körülbelül 40 percig.

62. Bodza-panna cotta eperrel

ÖSSZETEVŐK:
- 500 ml dupla tejszín
- 450 ml teljes zsírtartalmú tej
- 10 db nagy bodzafej, szedett virágok
- 1 vaníliarúd, kikaparjuk a magokat
- 5 zselatin levél
- 85 g aranyszínű porcukor

AZ ORCOLÁSHOZ
- 75 g vaj, plusz a kenéshez
- 75 g sima liszt
- 50 g aranyszínű porcukor
- 25 g őrölt mandula

KISZOLGÁLNI
- 250 g punnet eper, tetejét levágva
- 1 evőkanál aranyszínű porcukor
- néhány szedett bodzavirág, díszítéshez

UTASÍTÁS:

a) Tegye a tejszínt, a tejet, a virágokat, a vaníliarudat és a magokat egy enyhe tűzre állított serpenyőbe. Amint a folyadék forrni kezd, vegyük le a tűzről, és hagyjuk teljesen kihűlni.

b) Eközben a morzsához a vajat egy kis serpenyőbe öntjük, és óvatosan melegítjük, amíg mélybarna nem lesz, és diós illatú lesz. Egy tálba öntjük és szobahőmérsékleten hagyjuk hűlni, amíg megszilárdul.

c) Miután a krémkeverék kihűlt, vékonyan kenje ki hat darab 150 ml-es dariole forma belsejét. A zselatinleveleket 10 percre hideg vízbe áztatjuk. A kihűlt krémes keveréket szitán át egy tiszta serpenyőbe szűrjük, a bodzavirágot és a vaníliarudat kidobjuk. Beleöntjük a cukrot, és kevergetve feloldjuk. Lassú tűzön tedd vissza, és forrald fel, majd öntsd egy nagy kancsóba. A zselatinból kinyomkodjuk a felesleges folyadékot, és felolvadásig a forró tejszínhez keverjük. Addig keverjük, amíg a keverék kihűl és kissé besűrűsödik, hogy a vaníliamag ne süllyedjen az aljára. Öntsük a formákba, és hűtsük legalább 4 órát. beállításig.

d) Melegítsd elő a sütőt 180C/160C légkeveréses/gázos hőmérsékletre 4. Dörzsöld bele a barnás vajat a lisztbe, majd keverd bele a cukrot és a mandulát. Sütőpapírral bélelt tepsire nyújtjuk . 25-30 perc alatt aranybarnára sütjük, néhányszor megkeverve. Hagyjuk kihűlni.

e) Szeleteljük fel az epret, majd keverjük össze a cukorral és 1 tk vízzel. Tedd félre 20 percre macerálni.

f) A panna cottákat kifordítjuk a tányérokra, és megkenjük az eperrel és a levével. Megszórjuk a morzsával, az esetleges felesleget az oldalsó tálkában tálaljuk, majd díszítjük néhány bodzavirággal.

63.Bodzavirág Flan

ÖSSZETEVŐK:

- 1 csésze nehéz tejszín
- 1 csésze teljes tej
- ½ csésze cukor
- 4 tojás
- 1 teáskanál bodzavirág szívélyes
- Friss bodzavirág (elhagyható)

UTASÍTÁS

a) Melegítsük elő a sütőt 350 °F-ra (175 °C).

b) Egy közepes lábasban közepes lángon hevítsük fel a tejszínt, a tejet és a cukrot, amíg a cukor fel nem oldódik.

c) Egy külön tálban keverjük össze a tojást és a bodzavirágot.

d) Lassan öntsük a tejszínes keveréket a tojásos keverékhez, folyamatos keverés mellett.

e) Szűrjük át a keveréket egy finom szitán.

f) Öntse a keveréket egy 9 hüvelykes (23 cm) sütőedénybe.

g) Helyezze a tepsit egy nagyobb tepsibe vagy serpenyőbe, és töltse fel a nagyobb edényt annyi forró vízzel, hogy a kisebbik edény oldalának feléig érjen.

h) 45-50 percig sütjük, vagy addig, amíg a szélek meg nem szilárdulnak, de a közepe még enyhén megmozdul.

i) Vegyük ki a sütőből és hagyjuk szobahőmérsékletűre hűlni.

j) Tálalás előtt legalább 2 órára hűtőbe tesszük.

k) Ízlés szerint friss bodzavirággal díszítjük.

64.Takarmánybogyós és csalános sütemény

ÖSSZETEVŐK:

- 2 csésze vegyes takarmánybogyó (szeder, málna, áfonya)
- 1 csésze csalánlevél, apróra vágva (vigyen kesztyűt a kezelés során)
- 2 csésze univerzális liszt
- 1 1/2 teáskanál sütőpor
- 1/2 teáskanál szódabikarbóna
- 1/2 teáskanál só
- 1 csésze sózatlan vaj, lágyított
- 1 1/2 csésze kristálycukor
- 3 nagy tojás
- 1 teáskanál vanília kivonat
- 1 csésze író

UTASÍTÁS:

a) Melegítsük elő a sütőt 350 °F-ra (175 °C). Egy tortaformát kivajazunk és lisztezzünk.
b) Egy tálban keverjük össze a lisztet, a sütőport, a szódabikarbónát és a sót.
c) Egy másik tálban habosra keverjük a vajat és a cukrot.
d) Egyenként adjuk hozzá a tojásokat, minden hozzáadás után jól felverjük. Belekeverjük a vaníliakivonatot.
e) A száraz hozzávalókat fokozatosan hozzáadjuk a nedves hozzávalókhoz, felváltva az íróval. Kezdje és fejezze be a száraz hozzávalókkal.
f) Óvatosan hajtsa bele a takarmányozott bogyókat és az apróra vágott csalánleveleket.
g) Öntsük a masszát az előkészített tortaformába, és simítsuk el a tetejét.
h) 40-45 percig sütjük, vagy amíg a közepébe szúrt fogpiszkáló tisztán ki nem jön.
i) 10 percig hagyjuk hűlni a tortát a tepsiben, majd tegyük rácsra, hogy teljesen kihűljön.
j) Opcionálisan megszórjuk porcukorral vagy fagylalt egyszerű krémsajttal.

65.Bodzafagylalt

ÖSSZETEVŐK:

- 1 ½ csésze teljes tej
- 2 csésze nehéz tejszín
- ½ csésze tejföl
- 4 nagy tojássárgája
- ½ csésze méz
- 4-5 bodza likőr
- ½ teáskanál vanília kivonat
- csipet só

UTASÍTÁS:

a) A tojássárgáját felverjük és félretesszük.

b) Egy vastag aljú serpenyőben keverje össze a tejet, a tejszínt, a tejfölt, a sót és a mézet.

c) Vágja be az egyes virágokat a keverékbe, és dobja ki a lehető legtöbb száranyagot. Közepes-magas lángon gyakori kevergetés mellett melegítsük forrón. NE FORRÁLJON.

d) Amikor a tej/tejszín keverék felforrósodott, egy merőkanálnyit erőteljesen beleforgatunk a tojássárgájába. Lassan öntsük a tojásos keveréket a tej/tejszín keverékhez, ismét erőteljesen keverjük.

e) Tegye vissza a serpenyőt közepes lángra, és folytonos keverés mellett főzze tovább, amíg besűrűsödik és bevonja a kanál hátát. Vegyük le a tűzről. Belekeverjük a vaníliakivonatot.

f) Öntse a keveréket egy finom szitán keresztül egy edénybe vagy tálba, hogy lehűljön. Dobja el a bodza maradványait.

g) Miután a krémkeverék teljesen lehűlt, kövesse a fagylaltkészítő utasításait a kavaráshoz. Alternatív megoldásként, ha nincs fagylaltkészítőnk, öntsük a keveréket egy peremes tepsibe, és hűtsük le a fagyasztóban, félóránként kaparjuk ki villával, hogy szilárd, de könnyű állagú legyen.

66.Bodza szorbet

ÖSSZETEVŐK:

- 2 csésze víz
- 1 csésze cukor
- ¼ csésze szívélyes bodzavirág
- 2 evőkanál citromlé

UTASÍTÁS

a) Egy serpenyőben keverjük össze a vizet és a cukrot. Közepes lángon addig melegítjük, amíg a cukor teljesen fel nem oldódik.
b) Vegyük le a tűzről, és keverjük hozzá a bodzavirágot és a citromlevet.
c) Hagyja lehűlni a keveréket szobahőmérsékletre.
d) Öntsük a keveréket egy fagylaltkészítőbe, és forgassuk össze a gyártó utasításai szerint.
e) Miután felvert, tegye át a sorbetet egy fedeles edénybe, és fagyassza le néhány órára, hogy megszilárduljon.
f) Tálalja a bodzasorbetet lehűtött tálakba vagy poharakba, hogy finom és virágos desszertté váljon.

67.Bodza- és szederfagylalt

ÖSSZETEVŐK:

- 225 g/8 oz szeder 1 evőkanál cukor
- 284 ml-es karton duplakrém, hűtve
- 8 evőkanál szívélyes bodzavirág
- 142 ml-es karton habtejszín, hűtve

UTASÍTÁS:

a) Tegye a szedret egy kis serpenyőbe, és adja hozzá a cukrot. Óvatosan, időnként megkeverve melegítsük addig, amíg a gyümölcsből kifolyik a leve, és a keverék fel nem forr.

b) Óvatosan pároljuk 2-3 percig, amíg a szeder nagyon megpuhul. (Alternatív megoldásként tegye a szedret és a cukrot egy megfelelő edénybe, és 2-3 percre magas fokozaton, vagy amíg a gyümölcs nagyon megpuhul, mikrohullámú sütőben sütjük.)

c) Nyomd át a szederkeveréket egy szitán, és dobd ki a magokat. Hagyja kihűlni a pürét, majd fedje le és tegyük hűtőbe körülbelül 30 percre, vagy amíg jól kihűl.

d) Közben a dupla tejszínt öntsük egy kancsóba, adjuk hozzá a bodzavirágot, és keverjük simára. Fedjük le és hűtsük le 20-30 percig.

e) Keverje simára a szederpürét a bodzavirág keverékhez. A tejszínhabot öntsük egy tálba, és addig keverjük, amíg lágy csúcsok nem lesznek.

f) A tejszínhabot óvatosan a szederkeverékhez keverjük.

g) Öntse a keveréket a fagylaltgépbe, és az utasításoknak megfelelően fagyassza le.

h) Helyezze át egy megfelelő edénybe, és fagyassza le, amíg szükséges.

68.Bodzahab

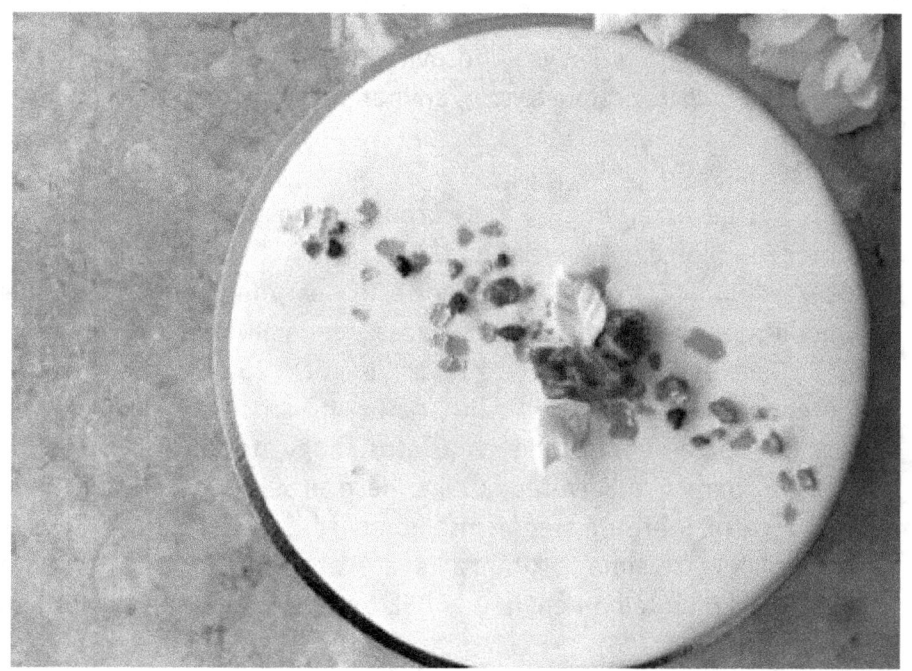

ÖSSZETEVŐK:

- 250 gramm Mascarpone sajt
- 200 gramm bolti puding
- 125 milliliter szívélyes bodzavirág
- 200 milliliter dupla tejszín, enyhén felverve

UTASÍTÁS:

a) Kezdje azzal, hogy a Mascarpone sajtot enyhén felverjük, hogy megpuhuljon egy keverőtálban.
b) Adjuk hozzá a bolti pudingot a Mascarpone sajthoz, és keverjük addig, amíg a keverék sima és jól össze nem áll.
c) Belekeverjük a szívélyes bodzavirágot, 125 milliliterrel kezdve. A mennyiséget ízlés szerint állíthatja be, ha erősebb bodza ízre vágyik, adjon hozzá többet. Legyen óvatos, hogy ne keverje túl ebben a szakaszban; A túlkeveredés elkerülése érdekében célszerű finoman hajtogatni. Szeretné megőrizni a könnyű és szellős textúrát, nem pedig bodzavirágos vajmá alakítani a keveréket.
d) Egy külön tálban enyhén verjük fel a tejszínt, amíg lágy csúcsokat nem kap.
e) Óvatosan keverje hozzá a tejszínhabot a Mascarpone és a bodza keverékéhez, amíg minden teljesen el nem keveredik. Ismét ügyeljen arra, hogy ne keverje túl, mert meg akarja őrizni a hab levegős textúráját.
f) Kóstolja meg a habot, és ha szükséges, adjon hozzá még több bodzavirág ízt a kívánt bodza ízhez igazítva.
g) Ha a keverék jól összeállt, és elégedett az ízével, tálalás előtt legalább fél órára hűtsük le a habot a hűtőszekrényben.
h) Tálaláskor a mousse-t díszítheti friss bodzavirágokkal vagy egy szitálás további bodzavirággal a gyönyörű bemutató érdekében.
i) Élvezze házi készítésű bodzahabját könnyű és elegáns desszertként, amely bármilyen alkalomra tökéletes.

69.Erdei eper rebarbara morzsa

ÖSSZETEVŐK:
- 2 csésze kockára vágott eper
- 2 szál rebarbara
- 2 evőkanál eper lekvár
- 2 evőkanál juharszirup
- 1 evőkanál citromlé
- 1 evőkanál tápióka- vagy kukoricakeményítő
- 2 csésze hengerelt zab
- ¼ csésze mandula
- ¼ csésze barna cukor
- ¼ csésze (fél rúd) vaj vagy kókuszolaj
- Csipet só

UTASÍTÁS:
a) Melegítsük elő a sütőt 375 fokra.
b) Egy közepes tálban keverjük össze az epret és a felkockázott rebarbarát. Keverjük össze
c) a lekvárt, a juharszirupot, a citromlevet és a tápiókakeményítőt.
d) Aprítógépben a zabot és a mandulát omlósra keverjük. Adjuk hozzá a barna cukrot, a vajat és a sót. Addig pörgesse, amíg a zab enyhén ragacsos nem lesz, és össze nem köt.
e) Nyomd le a zabmorzsa felét egy tortás vagy rakott edény aljára. A tetejére öntjük az epres-rebarbarás keveréket, majd a rétegekre szórjuk a maradék zabmorzsával.
f) Fedjük le az edényt alufóliával és süssük 30 percig. 30 perc elteltével süssük fedő nélkül további 20-30 percig, hogy a felső réteg ropogós legyen.
g) Azonnal tálaljuk egy gombóc vaníliarudas fagylalttal!

70.Tengerparti szilvasorbet

ÖSSZETEVŐK:
- 400 g Beach szilva
- 1 tk vanília kivonat
- 1 tk fahéj
- ¼ csésze víz
- ¼ csésze cukor

UTASÍTÁS:
a) Melegítsük elő a sütőt 375 fokra. Egy tepsit kibélelünk alufóliával.
b) A szilvát félbevágjuk és kimagozzuk. A vaníliakivonatot és a fahéjat szórjuk a szilvára, és addig keverjük, amíg a szilva egyenletesen bevonat nem lesz. Süssük a szilvát, amíg a héja karamellizálódik, körülbelül fél óra alatt. Kivesszük a sütőből és hagyjuk kihűlni.
c) A szilvát nagy sebességű turmixgépben vagy konyhai robotgépben turmixold össze. Ha konyhai robotgépet használ, szűrje át a kapott keveréket egy szitán, és dobja ki a pépet, hogy sima sorbetet kapjon.
d) Egy kis serpenyőben közepes lángon oldjuk fel a cukrot a vízben körülbelül 2 percig. Hagyjuk kihűlni, majd öntsük a szilvás keverékre.
e) Öntsük a szilvás keveréket egy tálba, és fedjük le. Fagyasztóba tesszük és hagyjuk kihűlni. 1 óra elteltével vegyük ki a fagyasztóból, keverjük össze a keveréket, hogy a jégkristályok széttörjenek, és helyezzük vissza a fagyasztóba további fél órára. Ezt addig ismételjük, amíg a sorbet meg nem fagy.
f) Ha a sorbet teljesen megdermedt, törje jégdarabokra, és egy nagy sebességű turmixgépben turmixolja simára. Helyezze a szilvasorbetet egy fedeles edénybe, és fagyassza le, amíg megszilárdul.
g) Használat előtt hagyja a szilvasorbetet szobahőmérsékleten 5 percig pihenni, hogy sima, frissítő finomságot élvezhessen.

71.Citromos gyógynövényes fagylalt

ÖSSZETEVŐK:
- 1½ csésze tejszínhab
- 1½ csésze tej
- ⅔ csésze cukor
- 3 tojássárgája
- ½ teáskanál vanília kivonat
- ½ citrom héja és citromlé
- ¼ csésze citromos verbéna levél
- ¼ csésze citromfű levelek

UTASÍTÁS:
a) A tejszínt, a tejet és a cukrot addig keverjük, amíg a cukor fel nem oldódik.
b) Egy kis tálban enyhén felverjük a tojássárgáját. Öntsön 1 csésze forró tejszínes keveréket a tálba . Fakanállal folyamatosan keverjük . Belekeverjük a vaníliát. Keverje hozzá a citromhéjat, a citromlevet és a keményre csomagolt citromfüveket a forró fagylaltos alaphoz.
c) Öntse a keveréket egy fagylaltkészítőbe, és fagyassza le a gyártó utasításai szerint.

72.Gyógynövényes citromos sütik

ÖSSZETEVŐK:
- 1 csésze vaj
- 2 csésze cukor; megosztott
- 2 tojás
- 1 teáskanál vanília kivonat
- 2½ csésze liszt
- 2 teáskanál Sütőpor
- ¼ teáskanál Só
- ⅓ csésze szárított citromfű
- ⅓ csésze összesen: Gyógynövények

UTASÍTÁS:
a) Tejszínes vaj és 1¾ csésze cukor
b) Adjunk hozzá tojást és vaníliát; jól verni.
c) Keverjük össze a lisztet, a sütőport, a sót és a fűszernövényeket. Adjuk hozzá a tejszínes keverékhez; keverd össze.
d) Csepegtesd a tésztát teáskanálonként, egymástól 3 hüvelyk távolságra egy kivajazott tepsire.
e) Süsse 350 F.-on 8-10 percig, vagy amíg alig barnul. Kicsit lehűtjük, majd rácsra szedjük.

FŰSZEREK

73.Arónia ecet

ÖSSZETEVŐK:
- ½ csésze arónia
- 1 ½ csésze almaecet
- 1 evőkanál cukor

UTASÍTÁS:
a) Az összes hozzávalót egy befőttesüvegben keverjük össze és keverjük össze.
b) Szorosan lefedve hűtőben tároljuk minimum 1 hétig.

74.Amerikai szilva ketchup

ÖSSZETEVŐK:

- 4 csésze amerikai szilva
- ¼ csésze szeletelt vöröshagyma
- ½ evőkanál frissen reszelt gyömbér
- ¼ csésze almaecet
- ¼ tk szerecsendió
- ¼ tk szegfűszeg
- ¼ tk fahéj
- ¼ teáskanál cayenne
- 1 evőkanál melasz
- 2 evőkanál juharszirup
- 1 evőkanál repceolaj

UTASÍTÁS:

a) Helyezze az egész szilvát egy közepes edénybe ¼ csésze vízzel. Fedjük le az edényt, és főzzük a szilvát közepes lángon körülbelül 20 percig, amíg a szilva össze nem zsugorodik, és csak a leve, a héja és a magja marad meg. Főzés közben néhány percenként rázza fel az edényt, nehogy a szilva leragadjon és megégjen.

b) Ha kihűlt, tegyünk egy szűrőedényt egy tálra, és öntsük rá a szilvakeveréket, hogy a szilva levét leszűrjük a héjáról és a magjairól. Félretesz, mellőz.

c) Egy közepes serpenyőben pirítsd meg a felszeletelt vöröshagymát és a gyömbért repceolajon, amíg a hagyma áttetsző lesz. Keverje hozzá a szerecsendiót, a szegfűszeget, a fahéjat és a cayenne-t. Folytassa a keverést körülbelül 20 másodpercig, amíg a fűszerek aromás nem lesznek.

d) Öntsük hozzá a leszűrt szilvalé keveréket, a melaszt és a juharszirupot. Keverje meg többször, hogy összeálljon, és forralja körülbelül 5 percig, amíg besűrűsödik.

e) Hagyja a keveréket 10 percig hűlni a tűzről levéve, majd öntse egy nagy sebességű turmixgépbe, és keverje magas fokozaton 1 percig. Ha nem rendelkezik nagy sebességű turmixgéppel, használhat búvármixert, de a ketchup nem lesz olyan sima.

f) A fűszerezést ízlés szerint állítsa be, majd a ketchupot egy befőttesüvegbe töltse tárolásra. Tartsa hűtve.

75.Gesztenye juharszósz

ÖSSZETEVŐK:

- 1/2 csésze gesztenye
- 2 evőkanál juharszirup
- 1 evőkanál almaecet
- ½ csésze vörösbor
- 1,5 csésze zöldségalaplé

UTASÍTÁS:

a) Először megpirítjuk a gesztenyét. Melegítsük elő a sütőt 425 °Fra.
b) Vágja be a gesztenyét úgy, hogy a héján x-alakot készít. Ügyeljen arra, hogy az alatta lévő anyát az út körülbelül egyharmadán átszúrja.
c) Sütőben kb 2o percig sütjük. Hagyjuk kihűlni, majd húzzuk le a héját.
d) Egy közepes lábosban felforrósítjuk a vörösbort és a gesztenyét. Addig pároljuk, amíg a bor a felére csökken.
e) Keverje össze a többi hozzávalót a serpenyőben. Felforraljuk, majd lassú tűzön csökkentjük. 2 percenként gumilapáttal keverjük meg.
f) Miután a szósz besűrűsödött, és bevonja a gumilapát hátát, vegyük le a szószt a tűzről, és hagyjuk hűlni 10 percig.
g) Befőttesüvegbe töltjük, hogy felhasználásig tároljuk.

76.Gyógynövény zselé

ÖSSZETEVŐK:

- 1½ csésze gyógynövénylevél, frissen
- 3½ csésze cukor
- 1 csepp ételfesték , zöld
- 2¼ csésze; Víz, hideg
- 2 evőkanál citromlé
- Pektin, folyékony; tasak + 2 t.

UTASÍTÁS:

a) Keverje össze a gyógynövényt és a vizet egy serpenyőben; lefedve teljesen felforraljuk, és a tűzről levéve 15 percig állni hagyjuk. Öntsük egy zselés zacskóba, és hagyjuk csöpögni egy órán keresztül. 1-¾ csésze infúziónak kell lennie.

b) Keverjük össze az infúziót, a citromlevet, a cukrot és az ételfestéket , és főzzük magas lángon, amíg teljesen fel nem forr. Adjunk hozzá folyékony pektint, és állandó keverés mellett forraljuk fel újra.

c) Vegyük le a tűzről, habosítsuk fel, és öntsük sterilizált, félliteres zselés üvegekbe, hagyjunk ¼"-os fejhelyet . Folytassa, mint a gyümölcszseléknél.

77.Huckleberry lekvár

ÖSSZETEVŐK:

- 2 csésze bogyó
- ½ csésze juharszirup vagy méz
- 2 evőkanál citromlé

UTASÍTÁS:

a) A hozzávalókat egy kis serpenyőben összekeverjük és összekeverjük.
b) Gyakran kevergetve felforraljuk, majd lassú tűzön főzzük, amíg besűrűsödik.
c) Befőttesüvegbe töltjük felhasználásig.

78. Vegyes gyógynövény ecet

ÖSSZETEVŐK:
- 1 pint vörösborecet
- 1 Darab almaecet
- 2 gerezd meghámozott, félbevágott fokhagyma
- 1 ág tárkony
- 1 szál kakukkfű
- 2 szál friss oregánó
- 1 kis szár édes bazsalikom
- 6 szem fekete bors

UTASÍTÁS:
a) Öntsön vörösbort és almaecetet egy literes üvegbe.
b) Adjunk hozzá fokhagymát, fűszernövényeket, borsot és fedjük le. Hűvös helyen, naptól védve három hétig állni hagyjuk. Időnként rázza fel.
c) Palackokba töltjük, és parafával leállítjuk.

79.Vegyes fűszernövény pesto

ÖSSZETEVŐK:
- 1 csésze Csomagolt friss lapos petrezselyem
- ½ csésze csomagolt friss bazsalikomlevél;
- 1 evőkanál friss kakukkfű levél
- 1 evőkanál friss rozmaringlevél
- 1 evőkanál friss tárkonylevél
- ½ csésze frissen reszelt parmezán
- ⅓ csésze olívaolaj
- ¼ csésze dió; aranysárgára pirított
- 1 evőkanál balzsamecet

UTASÍTÁS:
a) Aprítógépben az összes hozzávalót sóval és borssal ízlés szerint simára keverjük. (Pestó eltartható, felülete műanyag fóliával lefedve , hűtve, 1 hét.)

80. Mustáros-füves pác

ÖSSZETEVŐK:

- ½ csésze dijoni mustár
- 2 evőkanál száraz mustár
- 2 evőkanál Növényi olaj
- ¼ csésze száraz fehérbor
- 2 evőkanál szárított tárkony
- 2 evőkanál szárított kakukkfű
- 2 evőkanál Szárított zsálya, összetörve

UTASÍTÁS:

a) Keverjük össze az összes hozzávalót egy tálban. 1 órát állni hagyjuk. Hozzáadjuk a csirkét vagy a halat, és jól bevonjuk. Pácban állni hagyjuk. Papírtörlővel töröljük szárazra

b) Használja a maradék pácot a hal vagy csirke megkenésére, mielőtt leveszi a grillről.

81.Sóska-snidlinges pesto

ÖSSZETEVŐK:

- 1 csésze sóska
- 4 evőkanál mogyoróhagyma; finomra darálva
- 4 evőkanál fenyőmag; talaj
- 3 evőkanál petrezselyem; apróra vágva
- 3 evőkanál metélőhagyma; apróra vágva
- 4 narancs reszelt héja
- ¼ vöröshagyma; apróra vágva
- 1 evőkanál mustár, száraz
- 1 teáskanál Só
- 1 teáskanál bors, fekete
- 1 csipet bors, cayenne
- ¾ csésze olaj. olajbogyó

UTASÍTÁS:

a) A sóskát, a medvehagymát, a fenyőmagot, a petrezselymet, a metélőhagymát, a narancshéjat és a hagymát robotgépben vagy turmixgépben turmixoljuk össze.

b) Adjunk hozzá száraz mustárt, sót, borsot és cayenne-t, majd keverjük újra. LASSAN csepegtesse bele az olajat, miközben a penge mozog.

c) Tedd edzett üvegedényekbe.

82.Vadbogyó lekvár

ÖSSZETEVŐK:

- 2 csésze vegyes erdei bogyós gyümölcsök (szeder, málna, áfonya)
- 1 csésze kristálycukor
- 1 evőkanál citromlé

UTASÍTÁS:

a) Keverje össze a bogyókat, a cukrot és a citromlevet egy serpenyőben.

b) Közepes lángon, gyakori keverés mellett főzzük, amíg a bogyók le nem esnek, és a keverék besűrűsödik (kb. 15-20 perc).

c) A bogyókat villával pépesítjük a kívánt állag érdekében.

d) Hagyjuk kihűlni, majd tegyük át egy üvegbe. Hűtőbe tesszük és kenőcsként használjuk.

83.Takarmánynövény infúziós ecet

ÖSSZETEVŐK:

- 2 csésze takarmányfűszer (rozmaring, kakukkfű, oregánó)
- 2 csésze fehérborecet

UTASÍTÁS:

a) A gyógynövényeket alaposan megmossuk és szárítjuk.
b) Helyezze a gyógynövényeket egy tiszta, sterilizált üvegedénybe.
c) Forraljuk fel az ecetet, és öntsük rá a fűszernövényekre.
d) Zárja le az üveget, és hagyja hatni legalább két hétig.
e) Szűrjük le az ecetet, töltsük üvegbe, és használjuk ízes ecetként öntetekhez vagy pácokhoz.

84. Vad fokhagyma Aioli

ÖSSZETEVŐK:

- 1 csésze medvehagyma levél, apróra vágva
- 1 csésze majonéz
- 1 evőkanál citromlé
- Só és bors ízlés szerint

UTASÍTÁS:
a) Egy tálban összekeverjük az apróra vágott medvehagymát, a majonézt és a citromlevet.
b) Ízlés szerint sózzuk, borsozzuk.
c) Tálalás előtt legalább 30 percre hűtőbe tesszük.
d) Használja ízes mártogatósként vagy kenőcsként.

85.Fenyőtű szirup

ÖSSZETEVŐK:

- 2 csésze friss fenyőtű, mosva
- 2 csésze víz
- 2 csésze cukor

UTASÍTÁS:

a) Egy serpenyőben keverjük össze a fenyőtűket és a vizet. Forraljuk fel, majd forraljuk 20 percig.

b) Szűrjük le a folyadékot, és tegyük vissza a serpenyőbe.

c) Hozzáadjuk a cukrot, és addig főzzük, amíg sziruppá nem sűrűsödik (kb. 15-20 perc).

d) Hagyja kihűlni, mielőtt üvegbe tölti. Használja egyedi szirupként desszertekhez vagy italokhoz.

ITALOK

86.Alkoholmentes áfonyás fröccs

ÖSSZETEVŐK:

- 1 csésze áfonya
- 1 csésze cukor
- 1 csésze víz
- 1 frissen facsart citrom leve
- 1 üveg szénsavas víz

UTASÍTÁS:

a) Először készítse el az áfonyás egyszerű szirupot. Keverje össze az áfonyát, a cukrot és a citromlevet egy kis serpenyőben. Keverjük össze és forraljuk fel. Alacsony lángra vesszük, és addig főzzük, amíg sziruppá sűrűsödik.

b) Öntsünk pezsgő vizet egy kancsóba, és adjunk hozzá ½ csésze áfonya egyszerű szirupot. Addig keverjük, amíg a szirup fel nem oldódik a vízben.

c) A kellemes tapintás érdekében facsarj bele még egy kis citromlevet. Az ital édesebbé tételéhez adjunk hozzá több áfonyás egyszerű szirupot vagy cukrot.

87.Sarsaparilla Gyökér Sör

ÖSSZETEVŐK:

- ½ csésze Sarsaparilla gyökér (1 hüvelykes darabokra vágva)
- 2 csésze víz
- 1 csillagánizs
- ¼ tk szerecsendió
- ½ teáskanál fahéj
- ½ teáskanál szegfűbors
- ½ teáskanál vanília
- 2 evőkanál melasz
- ½ csésze cukor
- Szénsavas víz

UTASÍTÁS:

a) Helyezze a gyökereket, a fűszereket (ánizs, szerecsendió, fahéj, szegfűbors) és 2 csésze vizet egy közepes serpenyőbe.
b) Forraljuk fel, majd lassú tűzön pároljuk körülbelül fél óráig.
c) Adjuk hozzá a vaníliát és a melaszt. Forraljuk tovább 3 percig, majd vegyük le a tűzről.
d) Szűrje le a keveréket, hogy elválassza a gyökereket és a fűszereket a folyadéktól úgy, hogy a keveréket egy sajtkendővel borított finom szitán öntse át (az extra szűréshez). Ez biztosítja, hogy a keverék finom legyen, és ne maradjon törmelék.
e) A leszűrt folyadékot visszaöntjük az edénybe (újbóli felhasználás előtt feltétlenül öblítsük ki az edényt), és keverjük hozzá a cukrot. 2 percig forraljuk, majd levesszük a tűzről.
f) Egy pohár gyökérsör elkészítéséhez keverje össze a gyökérsört és a szénsavas vizet 1:2 arányban. Minden ¼ csésze sziruphoz használjon ½ csésze szénsavas vizet.
g) Jól keverjük össze és élvezzük.

88.Citromos málna menta frissítő

ÖSSZETEVŐK:

- 1 csésze málna
- 1 csésze cukor
- 1 csésze víz
- Frissen facsart citromlé
- Szénsavas víz
- Mentalevél díszítéshez
- Díszítésnek citromszeletek

UTASÍTÁS:

a) Készítse el az egyszerű málnaszirupot a málna, a cukor és a citromlé összekeverésével egy kis serpenyőben. Keverjük össze és forraljuk fel. Alacsony lángra vesszük, és addig főzzük, amíg sziruppá sűrűsödik.

b) Öntsünk pezsgő vizet egy kancsóba, és adjunk hozzá 1 csésze egyszerű málnaszirupot. Addig keverjük, amíg a szirup fel nem oldódik a vízben.

c) Díszítse az italt mentalevéllel, citromszeletekkel és néhány málnával. Keverje össze, és élvezze!

89.Takarmányozott bogyós vízzel

ÖSSZETEVŐK:

- Egy marék vegyes takarmánybogyó (szeder, málna, áfonya)
- Víz
- jégkocka (opcionális)

UTASÍTÁS:
a) A bogyókat alaposan megmossuk.
b) Helyezze a bogyókat egy kancsóba, és töltse fel vízzel.
c) Hűtőbe tesszük pár órára, hogy összeérjenek az ízek.
d) Ízlés szerint jégen tálaljuk. Frissítő és hidratáló!

90.Vad menta jeges teadélután

ÖSSZETEVŐK:
- Egy marék friss vadmenta levél
- 4 zacskó teás (fekete vagy zöld teadélután)
- 4 csésze víz
- Méz vagy cukor ízlés szerint
- Jégkockák

UTASÍTÁS:
a) Forraljon fel 4 csésze vizet, és áztassa be a teadélutántasakokat friss mentalevéllel együtt.
b) Hagyja a teát szobahőmérsékletre hűlni.
c) Ízlés szerint mézzel vagy cukorral édesítjük.
d) Jég felett tálaljuk. Egy kellemes, mentolos jeges teadélután!

91. Gyermekláncfű Limonádé

ÖSSZETEVŐK:

- 1 csésze pitypang szirmok (csak a sárga részek)
- 1 csésze frissen facsart citromlé
- 1/2 csésze méz
- 4 csésze víz
- Jégkockák

UTASÍTÁS:

a) Keverje össze a pitypang szirmait, a citromlevet, a mézet és a vizet egy kancsóban.
b) Addig keverjük, amíg a méz fel nem oldódik.
c) Hűtőbe tesszük néhány órára.
d) Jég felett tálaljuk. Egyedi és virágos limonádé!

92. Lucfenyővel infúziós gin és tonik

ÖSSZETEVŐK:

- 1 csésze friss lucfenyő hegyek
- Gin
- Tonik
- Jégkockák
- Lime szeletek a díszítéshez

UTASÍTÁS:

a) Mossa meg és szárítsa meg a lucfenyő hegyét.
b) Egy üvegben keverje össze a lucfenyő hegyét ginnel. Hagyja hatni legalább 24 órán keresztül.
c) Az infúziós gint jéggel töltött poharakba szűrjük.
d) Felöntjük tonik vízzel, megkeverjük, és lime-karikákkal díszítjük. Erdő ihletésű csavar egy klasszikuson!

93. Fűszeres gyógynövénylikőr

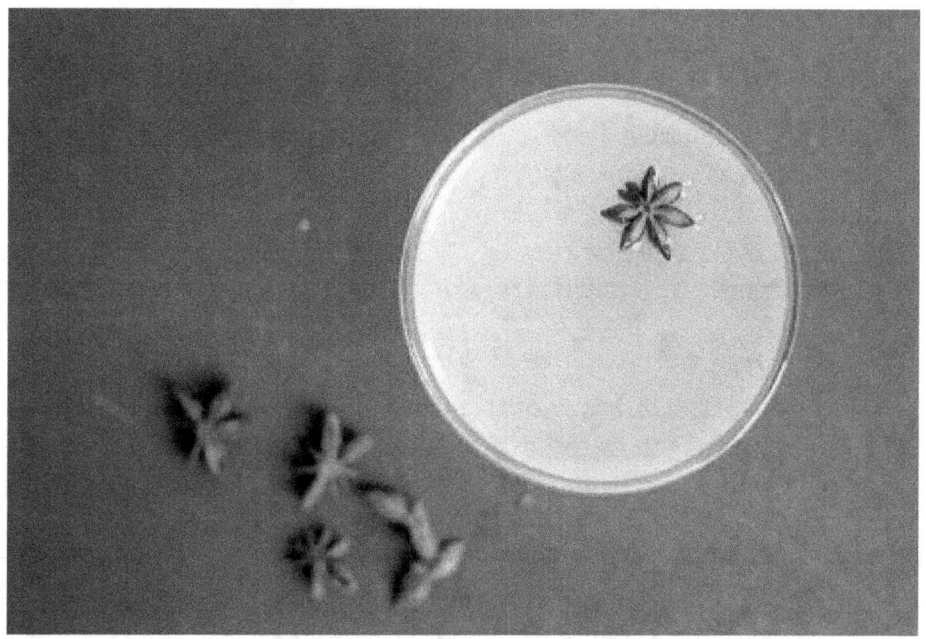

ÖSSZETEVŐK:

- 6 kardamom hüvely
- 3 teáskanál ánizsmag
- 2¼ teáskanál apróra vágott angyalgyökér
- 1 fahéjrúd
- 1 szegfűszeg
- ¼ teáskanál buzogány
- 1 Ötöd vodka
- 1 csésze cukorszirup
- Tartály: 1/2 gallonos tégely

UTASÍTÁS:

a) Távolítsa el a magokat a kardamom hüvelyből. Adjuk hozzá az ánizsmagot, és törjük össze az összes magot egy villa hátával.

b) Tedd őket egy 1 literes edénybe, adj hozzá angyalgyökeret, fahéjrudat, szegfűszeget, buzogányt és vodkát.

c) A keveréket jól rázzuk fel, és 1 hétig szekrényben tároljuk. Többször öntse át sajtkendővel bélelt szűrőn. Keverjük össze a folyadékot a cukorsziruppal. Tálalásra kész

94.Gyümölcsös gyógynövényes jeges teadélután

ÖSSZETEVŐK:
- 1 zacskó Tazo Passion teadélután
- 1 liter víz
- 2 csésze friss narancslé
- Narancssárga kerék
- Menta levelek

UTASÍTÁS:
a) Helyezze a teadélutánzacskót 1 liter forrásban lévő vízbe, és hagyja állni 5 percig.
b) Távolítsa el a teadélutánzsákot. Öntsön teát egy 1 gallonos, jéggel teli kancsóba. Miután a jég elolvad, töltse fel vízzel a kancsóban lévő maradék helyet.
c) Töltsön meg egy koktél shakert a főzött teadélután egyik felével és egy felével narancslével.
d) Jól rázzuk fel és szűrjük le egy jéggel teli pohárba.
e) Díszítsük narancssárga kerékkel és mentalevéllel.

95.Jeges gyógynövényes hűtő

ÖSSZETEVŐK:
- 4 csésze forrásban lévő víz;
- 8 Red Zinger teászsák
- 12 uncia almalé koncentrátum
- 1 narancs leve
- 1 citrom; szeletelt
- 1 narancs; szeletelt

UTASÍTÁS:
a) Öntsük a forrásban lévő vizet a teadélutánfilterekre. Hagyja ázni a teát, amíg a víz langyos nem lesz, így nagyon erős teát készíthet.
b) Egy nagy kancsóban keverje össze a teát, az almalevet és a narancslevet.
c) Díszítsük a kancsót citrom- és narancsszeletekkel.
d) Jéggel teli poharakba töltjük, mentával díszítjük.

96.Málna gyógyteadélután

ÖSSZETEVŐK:
- 2 családi méretű málnás teászacskó
- 2 Blackberry teadélután teadélutánfilter
- 2 fekete ribizli teadélután teadélutánfilter
- 1 üveg pezsgő almabor
- ½ csésze Juice koncentrátum
- ½ csésze narancslé
- ½ csésze cukor

UTASÍTÁS:
a) Tegye az összes hozzávalót egy nagy kancsóba. Hideg. A miénket gyümölcsös jégkockákkal tálaljuk.
b) Foglaljon le annyi levet, hogy megtöltsön egy jégkocka tálcát, és minden kockába eper- és áfonyaszeleteket teszünk.

97. Kardamom teadélután

ÖSSZETEVŐK:
- 15 kardamommag víz
- ½ csésze tej
- 2 csepp vanília (3 csepphez)
- édesem

UTASÍTÁS:
a) Emésztési zavarok esetén keverjen el 15 porított magot ½ csésze forró vízben. Adjunk hozzá 1 uncia friss gyömbér gyökeret és egy fahéjrudat.
b) 15 percig lassú tűzön pároljuk. Adjunk hozzá ½ csésze tejet, és pároljuk még 10 percig.
c) Adjunk hozzá 2-3 csepp vaníliát. Mézzel édesítjük.
d) Igyon 1-2 csészével naponta.

98.Sassafras teadélután

ÖSSZETEVŐK:
- 4 sassafras gyökér
- 2 liter víz
- cukor vagy méz

UTASÍTÁS:
a) Mossa meg a gyökereket, és vágja le a palántákat ott, ahol zöldek és ahol a gyökér véget ér.
b) Forraljuk fel a vizet, és adjuk hozzá a gyökereket.
c) Addig pároljuk, amíg a víz mély barnásvörös nem lesz (minél sötétebb, annál erősebb – én az enyémet szeretem erősen).
d) Szűrd egy kancsóba dróttal és egy kávészűrőn keresztül, ha nem akarsz üledéket.
e) Adjunk hozzá mézet vagy cukrot ízlés szerint.
f) Melegen vagy hidegen tálaljuk citrommal és egy szál mentával.

99. Moringa teadélután

ÖSSZETEVŐK:
- 800 ml víz
- 5-6 mentalevél - szakadt
- 1 teáskanál köménymag
- 2 teáskanál Moringa por
- 1 evőkanál lime/citromlé
- 1 teáskanál organikus méz édesítőszerként

UTASÍTÁS:
a) Forraljunk fel 4 csésze vizet.
b) Adjunk hozzá 5-6 mentalevelet és 1 teáskanál köménymagot / jeerát.
c) Addig forraljuk, amíg a víz a mennyiség felére csökken.
d) Amikor a víz a felére csökken, adjunk hozzá 2 teáskanál Moringa port.
e) Szabályozzuk a hőt magasra, ha habzik és feljön, kapcsoljuk le a hőt.
f) Fedjük le fedővel, és hagyjuk állni 4-5 percig.
g) 5 perc múlva szűrje le a teát egy csészébe.
h) Ízlés szerint adjon hozzá biomézet, és facsarjon bele friss lime levét.

100. Zsályateadélután

ÖSSZETEVŐK:

- Egy marék friss vadzsályalevél, felelősségteljesen takarmányozva
- Forrásban lévő víz
- Vadvirágméz (vagy agavé szirup vegánoknak)
- 1 takarmányozott citromszelet

UTASÍTÁS:

a) Kezdje egy maroknyi friss vadzsályalevél takarmányozásával. Ügyeljen arra, hogy tiszta és szennyezetlen környezetből származó leveleket válasszon.

b) Ha megvan a vadsálya levele, óvatosan öblítse le tiszta vízzel, ügyelve arra, hogy megőrizze természetes esszenciáját.

c) A takarmányzsályaleveleket tegyük egy bögrébe, és óvatosan öntsük fel forrásban lévő vízzel. Hagyja a vadon élő fűszernövényeket ázni körülbelül 5 percig. Ha úgy tetszik, a zsályaleveleket finomra is vághatja, és egy teadélutánszűrőbe helyezheti, hogy töményebb infúziót kapjon.

d) Az infúzió után távolítsa el a takarmányozott zsályaleveleket, hagyja, hogy esszenciájuk beleolvadjon a teába. Keverjen hozzá egy cseppnyi vadvirágmézet, amelyet felelősségteljesen a helyi méhészektől szereztek be, vagy vegánként használjon agave szirupot.

e) Fokozza az ízt egy takarmányozott citromszeletből facsart levet. Ez a lépés elengedhetetlen a vadzsálya főzet legjobb ízeinek kihozásához.

KÖVETKEZTETÉS

Amint befejezzük ízletes utazásunkat a "Korszerű takarmányozó szakácskönyvében", reméljük, hogy átélte a betakarítás örömét és a természet bőséges ízét korszerű konyhájában. Az ezeken az oldalakon található minden recept az egyedi ízek, textúrák és tápanyaggazdagság ünnepe, amelyet a takarmányból nyert ételek hoznak a tányérodba – a vad összetevők zökkenőmentes integrációja a kortárs ízvilágban.

Függetlenül attól, hogy ízlelgette az erdei gombák földi finomságát, magához ölelte a takarmányozott zöldek frissességét, vagy gyönyörködött az erdei bogyók váratlan ízében, bízunk benne, hogy ezek a receptek felkeltették a lelkesedést a természet kínálta ehető kincsek felfedezése iránt. Az összetevőkön és technikákon túl a takarmányozás fogalma váljon inspiráció forrásává, amely összeköti Önt a földdel, az évszakokkal és a szabadban megszelídíthetetlen szépséggel.

Miközben folytatja a takarmányos ételek világának felfedezését, a "Korszerű takarmányozó szakácskönyve" lehet a megbízható társ, amely számos ízletes lehetőség között kalauzolja el Önt, amelyek a vadvilágot hozzák asztalára. Íme, hogy magáévá tegye a táplálékkeresés időtlen művészetét, és minden kortárs falatban megízlelje a természet gazdag tárházát – boldog táplálékkeresést!

www.ingramcontent.com/pod-product-compliance
Lightning Source LLC
Chambersburg PA
CBHW071903110526
44591CB00011B/1527